33, rue Linné
75005 Paris – France
E-mail : **infos@leduc-s. com**
ISBN : 978-2-84899-198-6

YVES MAIRE DU POSET

2 minutes... pour bien se vendre

LEDUC.S
EDITIONS

Aux miens et à tous ceux que j'ai accompagnés
à qui je dois ce livre.

Sommaire

Introduction 7

Première partie :
Parler de soi, un exercice indispensable mais… difficile

Parler de soi, pour quoi faire ? 15
Parler de soi, un exercice difficile : les obstacles 25

Deuxième partie :
Parler de soi, bonne nouvelle, ça s'apprend !

S'organiser ! 35
12 clés pour enrichir vos discours 45
Le travail de synthèse pour préparer l'avenir 103
Comment être un bon communicant ? 117

Troisième partie :
Parler de soi, mode d'emploi

Les différentes formes de présentation de soi 145
Comment bien démarrer un entretien ? 149
Comment parler de soi en 2 minutes ? 157
Comment poursuivre l'entretien après les 2 minutes ? 189
Comment parler de soi en quelques secondes ? 209
Comment parler de soi au téléphone ? 219
Comment parler de soi à l'écrit ? 239

Conclusion : « Celui qui sort s'en sort… » 257
Annexe 1 : Pourquoi une graphologie ? 261
Annexe 2 : Pourquoi un inventaire de personnalité ? 263

INTRODUCTION

« *Tu as compris ce qu'il a dit sur son métier ?*
— … Non, et toi ?
— Moi non plus, je n'ai pas bien compris. Et lui, tu crois qu'il a compris ce que tu fais dans la vie ?
— … Je ne pense pas. Quand je lui ai parlé de moi, il ne m'a posé aucune question… »

Ce bref dialogue illustre ce qui arrive fréquemment. Lors d'une rencontre fortuite, chacun essaie de parler de lui sans vraiment parvenir à se faire comprendre. Ce qui aurait pu déboucher sur une relation nouvelle, peut-être une formidable idée commercialement exploitable, une ouverture sur le plan professionnel, un emploi nouveau, peut-être un partenariat, que sais-je… se termine, hélas, en *eau de boudin*, laissant les protagonistes sur un sentiment d'incompréhension et de frustration également partagé.

Un vrai gâchis que cette situation dont l'extrême banalité force à s'interroger : d'où vient que de telles occasions profitables et nombreuses se terminent ainsi ? Il convient sans doute de commencer par prendre conscience d'une réalité cruelle : sur de nombreux sujets parmi les plus simples, nous ne sommes guère préparés ! Comme celui de la rencontre de deux êtres, par exemple, mais aussi comme la plupart des choses essentielles de la vie : se nourrir, réfléchir, écouter, gérer son temps, travailler de ses mains… Ces savoir-faire ne nous étant pas enseignés, le peu de maîtrise que nous en avons nous met dans l'embarras.

Savoir **parler de soi** est à ranger dans le même ordre d'idées. La plupart du temps, non seulement nous ne savons pas nous y prendre mais nous improvisons, en « servant » à ceux qui nous écoutent un vrai plat de nouilles… ! Quand il ne s'agit pas d'une simple nouille sèche et sans saveur !

Quand quelqu'un s'adresse à nous, il arrive même qu'on ne comprenne rien. Au point que, une heure après, on ne s'en souvienne quasiment pas. Et la confusion peut être telle qu'on est bien plus embarrassé après la présentation qu'avant. Face à ce qui devait appeler des questions de notre part en rapport avec ce qui vient d'être dit, on se trouve soudain un peu gourd dans l'échange : on cherche à relancer la conversation en ne sachant pas précisément comment et avec quelle question. Faute de propos clairs, nos questions ont du mal à surgir !

Avez-vous remarqué, devant une présentation de soi confuse, combien votre attention se met à diminuer rapidement ? Vous pouvez faire tous les efforts pour la maintenir, l'ennui vous envahit avec l'irrésistible envie de changer d'air… !

Mais ce que l'on constate chez les autres est évidemment du même acabit chez nous : pour parler de nous, nous ne savons pas mieux nous y prendre ! La bouche à peine ouverte, on se sent embarrassé et emprunté face à nos propres propos. L'exercice achevé, les autocritiques fusent : a-t-on vraiment réussi à dire ce que l'on voulait dire, est-on parvenu à faire passer tel ou tel message sur soi, n'a-t-on pas oublié l'essentiel… ? A-t-on été suffisamment clair et pas trop long ? Les premiers mots n'ont-ils pas été bafouillés ? Fallait-il commencer ainsi ? Et l'on s'interroge sur ce que notre interlocuteur a réellement retenu de nos propos… d'ailleurs a-t-il seulement retenu quelque chose… ?

Et quand on s'est pris les pieds dans le tapis sans savoir précisément pourquoi, on se retrouve bien seul avec soi-même. On se dit que l'on aurait pu être meilleur, qu'il faudra être mieux préparé la prochaine fois… ! Mais cette prochaine fois, cette chance nouvelle, quand se présentera-t-elle ? Et, à ce moment-là, sera-t-on mieux préparé… ?

L'épreuve peut d'ailleurs être vécue comme une vraie douleur. Avant, parce qu'on panique faute d'être préparé ; pendant, car on se bat contre soi-même sans savoir précisément comment faire ; et enfin après, parce que le souvenir qui en reste nous revient comme un mauvais plat resté sur l'estomac… !

« *On ne sait jamais ce que l'on donne de soi, ni le bon ni le mauvais*[1]. » La remarque s'impose quand on parle de soi, a fortiori si l'on n'est pas préparé à un tel exercice.

Et c'est parce que rater ce « passage obligé » fait courir bien des risques que ce livre a été conçu. Son objectif : vous aider à réussir le démarrage de toute relation en sachant parler de soi. En vous donnant les clés d'une bonne préparation dans cet art difficile afin de vous permettre de franchir un à un les obstacles (nombreux) à la maîtrise de ce sujet et en vous mettant dans les meilleures conditions pour être à l'aise dans toutes les situations.

Car que cherchons-nous à dire dans un tel exercice ? Des choses fort simples mais qui sont toujours lourdes de conséquences. Avec toutefois un double objectif :

– il faut que ce que nous disions sur nous soit **retenu par les autres,**

– il faut que notre discours les entraîne à **agir en notre faveur.**

Bref, il faut que ce que nous allons dire sur nous serve nos intérêts. Or, on ne peut le faire qu'en étant à l'aise avec cet exercice qui, seul, va nous donner du pouvoir !

Mais bien parler de soi donne davantage : il permet de satisfaire ce besoin naturel de rompre sa solitude (professionnelle comme personnelle) et de créer des liens nouveaux. Il fait comprendre aux autres nos passions, nos techniques et nos projets et permet aussi dans un deuxième temps de comprendre les leurs.

Quand on sait bien **parler de soi**, on peut prétendre à un vrai confort dans les échanges, qu'ils soient professionnels ou personnels. Un confort fait d'une confiance en soi retrouvée, d'une liberté dans le discours vis-à-vis de soi comme vis-à-vis des autres. Savoir parler de soi avec professionnalisme libère !

1. Françoise GIROUD, *Leçons particulières*, Fayard, 1990, page 15.

Cette libération permet en outre une écoute de l'autre accrue et procure ainsi un fort sentiment de vivre pleinement l'échange et de n'en pas perdre une miette ! Ce n'est qu'ainsi que l'on peut toucher de près ce bonheur véritable de la bonne expression de soi et de la conviction qui en résultera chez l'autre. À sa façon, il participe à la satisfaction de cet immense besoin de se réaliser au travail.

« *Une vie sans examen ne vaut pas d'être vécue*[2]. »

Objectif n° 1 :
faire la clarté sur soi !

Mais pour parvenir à cette aisance dans l'art de parler de soi, il va vous falloir préalablement travailler sur vous-même et sur votre passé afin de retrouver de la matière exploitable : les éléments forts de votre parcours, de votre expérience, de vos talents et de votre personnalité. Ce travail va vous donner la mesure de votre potentiel.

C'est la première partie. Elle va vous permettre en effet de prendre cette distance vis-à-vis de soi qui, seule, peut garantir un examen objectif de ce que vous pouvez faire entendre aux autres. Dans cet esprit, ce livre va vous offrir une formidable occasion de dialogue avec vous-même ; exercice que vous devez prendre comme une nécessité. En vous invitant à vous confronter aux réalités, à vous prendre en main avec bonheur et à agir, il sera l'aide dont vous avez besoin pour être plus lucide sur vous-même, plus clair et plus fort.

Objectif n° 2 :
construire un discours !

Nous examinerons ensuite les différentes formes de la présentation de soi : les formes orales et écrites dont vous aurez besoin quelles que soient les circonstances. Nous étudierons précisément chaque construction possible avec méthode. Vous disposerez aussi d'une boîte à outils (ou plutôt d'une boîte à modèles) qui vous permettra en toutes circonstances de réussir cet exercice par

2. Socrate cité dans *La Philosophie comme manière de vivre* de Pierre HADOT, Le Livre de Poche, 2001, page 229.

vous-même, de n'être jamais « pris de court » et ainsi d'être plus efficace quelles que soient les voies de communication choisies (orales, écrites, téléphoniques...).

Tous les exemples, toutes les recettes et les modèles que je vous propose dans ce livre sont tirés de ma double expérience de développeur de business et d'accompagnateur de personnes en transition professionnelle. C'est la raison pour laquelle il m'arrive souvent d'aller loin dans le détail. Car l'expérience m'a montré que ces détails, quand ils sont mal traités, peuvent hélas « tuer » celui qui parle de lui !

En revanche, quand ils sont maîtrisés, après une solide préparation et de l'entraînement, ces détails permettent à celui qui s'exprime de marquer des points. En disant l'essentiel clairement, directement, avec les mots les plus appropriés et l'enchaînement le plus logique, celui qui parle de lui suscite l'intérêt de son interlocuteur et l'envie d'en savoir davantage.

PREMIÈRE PARTIE

PARLER DE SOI, INDISPENSABLE MAIS… SI DIFFICILE !

CHAPITRE 1

Parler de soi, pour quoi faire ?

Quand a-t-on besoin de parler de soi ?

Dans la vie professionnelle

Bien parler de soi est plus utile et important qu'il n'y paraît. D'abord parce que la vie ne cesse de nous confronter à cet exercice. Les occasions sont en effet plus nombreuses qu'on ne le croit et aussi parce que nous sommes tous concernés.

Sur le plan professionnel, cela va de soi. Sans une bonne maîtrise de cet art, comment parler de nos talents, de notre expérience ou de nos projets ?

Or, que voit-on dans l'entreprise ? Dans neuf cas sur dix, des gens mal préparés sur ce sujet, improvisant de pâles présentations d'eux-mêmes, le plus souvent confuses ou incomplètes. Elles sont parfois même si pauvres que le résultat produit s'avère médiocre quand il n'aboutit pas à l'inverse de son objectif. Il arrive même assez souvent que, lors d'une rencontre, il n'y ait pas de présentation de soi, comme si cela n'avait pas vraiment d'importance !

Voici quelques-uns des cas les plus fréquents où l'on devrait être capable de parler aussi de soi savamment :

> Nous sommes tous concernés !

– **l'étudiant** qui, malgré son peu d'expérience –, et l'on pourrait dire en raison même de son peu d'expérience –, doit donner le meilleur de ses motivations scolaires ou personnelles, ainsi que de ses réussites (participation à une association, engagement de toute sorte…).

– **le manager** qui prend en main sa nouvelle équipe lors d'une première réunion et qui a besoin de donner tout de suite une image claire de son projet, de son ambition, de produire des interrogations positives chez ses collaborateurs, de créer les conditions d'un bon démarrage…

– **le nouvel arrivé dans une entreprise** qui doit imposer immédiatement sa présence, son expertise en s'appuyant sur son expérience passée ; il doit aussi montrer son esprit d'ouverture, sa souplesse, créer les conditions de relations de sympathie…

– **un commercial** qui, face à ses clients ou ses prospects, doit immédiatement faire apparaître avec clarté la personne de confiance qu'il est, meilleur garant de la qualité de ce qu'il est en train de vendre…

– **un chef d'entreprise** qui, à maintes occasions, doit séduire et convaincre ses actionnaires, ses partenaires et ses clients de la force de son projet, de l'ambition de sa stratégie mais aussi de sa propre détermination et de ce qui la motive…

– **un demandeur d'emploi** qui doit trouver les bons arguments concernant son offre pour convaincre son interlocuteur de ses capacités et de son envie d'obtenir ce poste…

– **une femme qui, après plusieurs maternités**, souhaite reprendre une activité et doit trouver les arguments pour convaincre l'entreprise de sa capacité à assumer des responsabilités malgré son éloignement du marché du travail…

– **un cadre qui veut évoluer au sein de son entreprise** en donnant une impulsion nouvelle à sa carrière. Qu'il s'agisse d'une évolution verticale ou latérale, celui-ci doit convaincre qu'il peut réussir à tenir cette nouvelle responsabilité en produisant le discours le plus adapté sur ce qu'il a à offrir…

– **un recruteur** dans l'entreprise, dont la réussite se mesure au nombre et à la qualité des collaborateurs recrutés. Au-delà des attraits de son entreprise, celui-ci doit savoir que c'est lui qu'il cherche à vendre et qu'il a donc tout intérêt à savoir parler de lui…

– etc.

Aucune situation professionnelle n'y échappe ! Du haut en bas de la hiérarchie et quelle que soit la fonction que l'on occupe, nous sommes tous appelés, à un moment donné, à parler de nous. Ceci pour une raison simple : le plus important dans toute forme de transaction, c'est la personne humaine, quel que soit son objet. Si vous êtes franchement antipathique et si vous ne savez pas parler de vous de manière attrayante, vous aurez beau commercialiser le meilleur produit du monde, vous n'en vendrez pas un !

Dans la vie de tous les jours

Nous l'avons annoncé, il n'y a pas que le monde du travail qui soit concerné. Dans les activités personnelles, familiales et amicales aussi, il faut savoir parler de soi : dire où nous en sommes, dire ce qui s'est passé depuis la dernière rencontre ; tantôt attirer l'attention de nos interlocuteurs sur ce que nous sommes en train de projeter, tantôt dire ce que nous aimons faire, ce que nous sommes fiers d'avoir réalisé, ce qui provoque notre enthousiasme, etc.

Toutes les circonstances nous amènent à un moment ou à un autre à parler de nous : dans une réunion de famille, chez des amis, dans un cadre associatif, dans un dîner, en allant chercher nos enfants à l'école, en croisant un ami sur le quai d'une gare, en expliquant à nos enfants quel est notre métier, à un voisin, à notre concierge, etc.

Dans la vie de tous les jours, les occasions de parler de soi sont si nombreuses que l'on aurait tort de penser qu'il est inutile d'y être préparé !

Vos proches ignorent tout de vous !

Ce d'autant plus qu'un autre constat consternant est à faire sur lequel il convient d'agir de manière urgente : **vos proches ignorent tout de ce que vous faites, de votre métier et de vos passions** ! Que vous soyez à la tête d'une entreprise, en quête d'un emploi, salarié en désir de mobilité dans un grand groupe ou bien dans une très petite entreprise, ceux qui vous entourent de la manière la plus proche ont une représentation floue (c'est le moins que l'on puisse dire) de votre fonction, de votre spécialité. A fortiori, l'obscurité est totale pour eux sur ce qu'est votre caractère distinctif sur le plan professionnel.

Or, ce constat doit nous inviter à faire un effort sur nous-même car les opportunités dans ce cadre plus personnel ne sont pas moins nombreuses à saisir ! **Ne pas savoir parler de soi dans la vie de tous les jours nous prive de formidables opportunités et d'aides dont nous aurions pu profiter.** Comment, en effet, apporter quelque aide que ce soit à un proche dont je ne connais rien ?

Dans mon métier, je suis toujours étonné de constater que ceux qui se disent isolés, sans réseau, en vase clos… possèdent comme tout le monde des liens naturels, de proximité, amicaux, etc., qu'ils négligent le plus souvent dans leur réflexion sur leur propre réseau. Eux aussi, ils ont un beau-père, des cousins, un frère, des amis, un médecin, un plombier, un maire, des voisins… à qui ils n'osent pas dire quel est leur projet professionnel, leur souci de retrouver un emploi, de développer leur affaire. Ils n'osent tout simplement pas exprimer ce qui les animent dans l'instant ! De telle sorte que, se privant de ce ressort relationnel puissant, ils s'enfoncent dans leur état de solitaire, pensant sans doute que cela ne servirait à rien de remédier à une telle situation.

En agissant ainsi, ils se privent doublement de la joie de s'exprimer mais aussi de l'enrichissement que pourrait leur apporter le réseau de ces gens !

Si vous n'êtes pas convaincu de ce que je dis, faites le test. Vous verrez, il sera édifiant. Sollicitez deux ou trois de vos proches (conjoint, ami, …) et cherchez à vérifier ce qu'ils savent de vous sur le plan professionnel. Profitant d'un moment de disponibilité, posez-leur cette question simple : « *Que dirais-tu en quelques mots sur moi, sur le métier que j'exerce… à quelqu'un qui souhaiterait en savoir davantage sur moi ?* »

Vous constaterez vite leur embarras, leur difficulté à cerner la question, leur imprécision, leur manque de synthèse, de concret ou bien encore leur difficulté à manier les plus simples concepts de votre métier. Bref, vous aurez une image sans doute caricaturale mais, en fait, pas si éloignée que cela de ce que vous êtes vous-même capable de faire, à votre propos, dans ce genre de circonstances !

Or, si tel est le cas, dites-vous bien que ce n'est pas leur faute mais plutôt la vôtre ! Sans doute n'avez-vous pas fait ce qu'il faut pour qu'ils sachent s'exprimer clairement et simplement sur ce que vous êtes réellement au plan professionnel et personnel.

Parler de soi, c'est parler de l'essentiel

D'ailleurs l'inverse est vrai aussi : êtes-vous capable de parler avec justesse et concision du métier de votre frère, de votre cousin, de votre ami le plus cher… ?

Souvent la première difficulté provient de la complexité du métier. Prenons un exemple : si vous êtes boulanger, tout le monde pourra dire « Pierre est boulanger » et chacun comprendra à peu près ce que ceci veut dire parce que nous avons tous une représentation claire de cette fonction connue, quand bien même nous en ignorons les secrets. Dire qu'on est boulanger est plus facile en effet que de dire qu'on est consultant dans une SSII ou bien chargé de la conformité dans une banque…

Mais pourquoi, en dehors des métiers traditionnels bénéficiant d'une représentation claire pour tout un chacun, cet exercice est-il plus compliqué avec la plupart des autres métiers ?

Parce que ces métiers sont plus abstraits et constitués de réalités difficiles à caractériser si l'on n'a pas d'expérience sur le sujet et si l'on ne dispose pas du langage adapté à ce métier. Les productions de ces métiers ne sont pas facilement identifiables comme l'est la confection d'un pain pour un boulanger ou celle d'un mur pour un maçon…

Mais alors, est-il impossible de parler de soi ?

Dis papa, c'est quoi ton métier ?

Non ! Bien au contraire. Si l'on s'y prend bien, on peut expliquer à un enfant n'importe quel métier, quel que soit son degré de difficulté ou d'abstraction. Ceci devra d'ailleurs constituer un bon moyen de vérifier que vous êtes parvenu à atteindre votre objectif de bien parler de vous : **arriver à faire comprendre à un enfant de**

10 ans quel est votre métier ! Quand vous serez à l'aise avec un tel interlocuteur, vous pourrez prétendre l'être avec un adulte.

Toutefois, pour y arriver, il faut travailler d'autant plus que ce métier ne bénéficie pas d'une image claire dans le grand public.

Autre avantage d'être à l'aise sur ce sujet : la présentation de votre activité est un bon témoin du recul que vous avez sur votre métier et de votre capacité à l'expliquer, à en transmettre aux autres les connaissances. C'est d'ailleurs pour cette raison que se transformer en formateur, le temps d'une action de formation, est un excellent moyen d'améliorer la maîtrise de son métier. La formation oblige en effet à structurer, formaliser, clarifier, rendre logique mais aussi à simplifier son sujet !

À qui parler de soi ? : le réseau

Nous sommes assis sur un tas d'or !

Notre parcours est jalonné de rencontres qui constituent un vrai tas d'or sur lequel nous sommes assis et dont nous ne sommes pas toujours conscients : les gens que nous avons rencontrés professionnellement, ceux de notre entourage proche mais aussi plus lointain, les gens que nous côtoyons dans des cadres divers (l'école de nos enfants, l'activité sportive, les cercles plus institutionnels comme ceux de la commune, etc.). Si nous faisons le compte de manière sérieuse, notre réseau est riche de plusieurs dizaines de personnes auxquelles on peut aisément s'adresser !

Et ce réseau est, sans conteste, l'un des bons moyens d'**aller vers le marché** : qu'il s'agisse de trouver de nouveaux clients, de trouver un nouvel emploi, des partenaires nouveaux, d'enrichir la connaissance que nous avons de notre domaine par de nouvelles informations, etc. Il existe évidemment d'autres moyens d'atteindre ce marché mais le réseau est le plus simple, le plus rapide et le moins coûteux.

Or, si nous ne sommes pas conscients de l'intérêt de ce réseau, c'est parce que, lorsqu'il s'agit de faire le point sur lui, nous trouvons toujours de bonnes raisons de penser que nous ne pouvons sérieusement compter sur telle ou telle personne pour nous apporter une aide quelle qu'elle soit ! « *Non, celui-ci est décidément trop proche, je ne peux m'ouvrir à lui ...* », ou bien « *Non, celui-là a sûrement oublié mon existence depuis le temps...* », ou bien encore « *Non, cet autre est vraiment dans un domaine si éloigné du mien que je ne vois décidément pas comment il pourrait s'intéresser à mon cas spécifique...* » Ce qui est sûr, c'est que tous les prétextes sont bons pour renoncer à retrouver ce réseau, pour le faire revivre !

Mais le fait le plus drôle à constater est que si vous demandez à quelqu'un quels sont les gens ayant un peu de notoriété qu'il a côtoyés de près ou même de très loin, vous verrez, il en connaît des wagons... Mais si vous lui demandez quels sont les gens sans notoriété qu'il a aussi côtoyés et sur qui il pourrait compter, alors là, il n'y a plus personne ! En effet, on ne se souvient vraiment que des gens qui ont su susciter notre intérêt.

Un théorème cruel !

Autre fait à noter : vos proches ne savent pas ce que vous faites ! Je pousserais même le paradoxe suivant en théorème : **le degré de connaissance que vos proches ont de ce que vous faites sur le plan professionnel est inversement proportionnel au degré de proximité !** Eh oui, vos proches en savent moins sur vous que vos fournisseurs, vos clients, vos collègues...

Une seule explication à ceci : notre civilisation est si peu relationnelle qu'elle ne prédispose guère à aller vers l'autre surtout s'il s'agit de lui demander quelque chose ! Et, avec la perte du lien social que notre société connaît, ce constat inquiétant ne risque pas de s'arranger !

Votre réseau existe, vous l'avez rencontré !

Votre réseau n'est donc pas uniquement constitué de vos proches. Il faut y ajouter vos amis et vos relations, ceux que vous avez croisés quel que soit le cercle (professionnel ou personnel) et dont vous vous souvenez mais pas forcément... Il s'agit de ceux que vous avez rencontrés jadis ou la semaine dernière, de ceux avec qui vous n'avez pas forcément beaucoup partagé mais avec qui des liens existent. Il va s'agir de les entretenir et de les renforcer !

Et là, méfiez-vous de l'idée reçue que ce sont les personnes les plus proches de vous qui vont vous rendre les meilleurs services. La réalité prouve le contraire. C'est la fameuse théorie de Mark GRANOVETTER, professeur de sociologie à Stanford, qui a beaucoup travaillé il y a quelques années sur les liens sociaux forts et les liens sociaux faibles. Il a prouvé que les liens sociaux les plus faibles sont ceux qui peuvent vous apporter le plus ; en raison même de la différence du parcours des individus, de leur contexte et de leurs intérêts différents ; « *Les individus avec qui l'on est faiblement lié ont plus de chances d'évoluer dans des cercles différents et ont donc accès à des informations différentes de celles que l'on reçoit*[3]. » C'est en fait la diversité qui fait le bonheur et la richesse du réseau.

Nos liens sociaux les plus faibles sont les plus forts !

Prenons un exemple : vous avez dans le passé croisé le parcours de quelqu'un avec qui vous avez eu des liens (liens hiérarchiques quel que soit le sens, liens de promotion, liens de partenariat, etc.). Ces liens ont pu être brefs, ne durer que le temps d'un projet. Mais le souvenir de ce temps passé ensemble autour d'une activité est resté ancré dans votre mémoire. Estime réciproque, plaisir d'avoir travaillé ensemble, sympathie peut-être… Ce temps est un morceau de votre histoire. Il est fait des échanges que vous avez eus avec lui, dont certains ont pu être forts… En tout état de cause, seuls le temps et la négligence de chacun ont étiolé ce lien.

Question ? Croyez-vous vraiment que ce qui a compté pour vous (sinon vous n'en auriez pas conservé le souvenir) a moins compté pour lui ? En vertu de quoi pourriez-vous penser une chose pareille ?

Non seulement il s'agit de prétextes faciles pour ne pas agir et tenter de les retrouver mais, en plus, il s'agit d'une attitude aussi stupide que celle de se tirer une balle dans le pied ! Voici

3. Tiré d'une enquête datant de 1973 à Newton, petite ville du Massachusetts, sur 300 cadres venant de changer d'emploi. Cité par Alain LEFÈBVRE dans *Les Réseaux sociaux*, MM2 éditions.

pourquoi : en ne reprenant pas contact avec eux, vous les privez doublement. Du plaisir de vous revoir pour évoquer le temps passé. Et là, je vous demande de croire qu'évoquer des moments de bonheur, de complicité, de succès… avec ceux avec qui nous les avons partagés est un moment recherché par eux aussi !

Mais vous les privez également du plaisir de pouvoir contribuer d'une manière ou d'une autre à votre succès futur : et ce n'est pas parce que l'angoisse vous étreint à l'idée de solliciter votre réseau, parce que vous risquez peut-être d'y croiser un amnésique sec, méchant et névrosé qui, peut-être ne vous aidera pas… qu'il faut éviter les neuf autres sur dix qui se feront une joie de vous apporter ce que vous êtes venu chercher chez eux ! Croyez-moi, dans la plupart des cas, ils vous aideront ! Et avant tout parce qu'« *on n'aime pas bien les gens quand on ne fait rien pour eux*[4] ». Faites-vous aimer d'eux et ils vous aideront ! Vous-même, sollicité par eux, ne feriez-vous pas la même chose ?

À vous donc de renforcer ce réseau avec ceux qui sont le moins proches.

4. La comtesse de SÉGUR, *Un Bon Petit Diable*, Gallimard, Folio junior, 1865, page 184.

CHAPITRE 2

Parler de soi, un exercice difficile : les obstacles

Avant de commencer à réfléchir sur soi, il s'agit de prendre conscience des difficultés qui vont entraver cet exercice redoutable. Difficultés dont certaines nous sont imposées par le monde extérieur et d'autres dont nous nous faisons volontiers les « promoteurs ». Or, sur toutes, nous pouvons agir.

D'abord en en prenant conscience et ainsi faire 50 % du chemin. La prise de conscience de ces probables embûches est en effet le garant d'un aveuglement moins fort à terme sur nos réelles forces et faiblesses. Nous pouvons agir ensuite en trouvant des remèdes efficaces pour les surmonter ou en tout cas ne pas en être systématiquement la victime.

Mais rappelons quelques-unes de ces multiples difficultés qui vont se présenter à nous constamment.

Notre éducation

D'abord notre éducation française qui ne nous a guère préparés à **une saine observation de nous-même**. S'observer est facilement considéré comme un vilain péché… Alors même que tout apprentissage passe par le fait de se connaître d'abord. L'enfant, dont la connaissance du monde commence par le tâtonnement de son propre corps, n'en est-il pas le meilleur exemple ? Or, une fois ce temps de la petite enfance passé, notre environnement éducatif nous invite de manière pressante à nous éloigner de nous-même. Dès le début, nous consacrons bien peu de temps à tenter de nous connaître. Il suffit de considérer le fameux « *Connais-toi toi-même* » inscrit au fronton du temple de Delphes, servi à toutes les sauces et qui est enseigné (si peu et si tard...) comme quelque chose de surhumain. La vérité est qu'il a connu fort peu de succès sur le plan pratique dans notre civilisation.

L'exemple le plus probant de cette inaptitude organisée pour l'observation de soi : la défiance en France que le monde du travail porte au Bilan de compétences qui a vu le jour au milieu des années 1980. Après environ 20 ans d'existence, le nombre de gens faisant annuellement un bilan de compétences n'excède pas 0,2 % de la population salariée. À ce rythme, pour que tout le monde y passe, il faudrait 450 ans... !

Conséquence : ne nous connaissant pas, nous tombons volontiers dans l'excès, soit en devenant par trop sévère avec nous-même, soit au contraire en plongeant dans un narcissisme fatal.

Notre éducation ne nous prépare pas davantage à **nous exprimer clairement**. Qui peut en effet se dire naturellement à l'aise dans un tel exercice ? « *Pourquoi n'avons-nous pas ces joutes oratoires que l'on trouve à la fin des lycées américains ? Je vois un garçon (rétif) de troisième qui doit rechercher les prolepses dans un chapitre de roman ! Alors qu'il ne sait même pas expliquer oralement, en termes simples, l'action de ce chapitre. Qu'ai-je à faire des prolepses*[5] ? »

À quoi il faut ajouter un goût bien faible pour **l'introspection psychologique**, notamment dans le monde professionnel. En effet, même si ce domaine connaît un surcroît d'intérêt ces dernières années, dont le développement de magazines sur ce thème ou du coaching dans l'entreprise sont des preuves, on peut encore largement parler de défiance à son égard.

Notons également la faiblesse notoire de notre **capacité relationnelle**. Dans nos sociétés, elle a bien du mal à s'imposer. Elle

5. Article de Pierre-Gilles de GENNES, *Le Monde*, 26 février 1999, en colère biblique contre ce travers de notre éducation.

n'est d'ailleurs pas enseignée sauf en terminale où cette question est vaguement abordée en cours de philosophie. Dans le monde professionnel, le peu de considération dont bénéficie la fonction commerciale en est un autre exemple frappant. Or, pour la plupart d'entre nous, la relation interpersonnelle représente la difficulté majeure. C'est en elle que se nouent bon nombre de nos complexes. « *La timidité est un grand obstacle et souvent le seul*[6]. » Et l'on pourrait dire que, de nos jours, cette faiblesse relationnelle s'accentue avec ce lien social que tous voient s'amenuiser. Sur ce sujet, l'une des plus belles illustrations est donnée par le très bon film *Denise au téléphone*[7] : il s'agit d'un groupe d'amis trentenaires dont les liens ne fonctionnent plus que par le canal du téléphone. Ils s'appellent continuellement, font des projets de rencontres mais qui n'aboutissent jamais... Résultat : ils restent empêtrés dans leur solitude.

Il faut noter aussi un goût particulier (exagéré ?) de notre éducation pour **l'esprit d'analyse** qui, hélas, dévalorise **l'esprit de synthèse**. En France nous sommes sous le joug du premier. L'esprit des sciences exactes et de la **technique** qui en est le reflet envahit tout. Au point de laisser peu d'espace au reste : l'imaginaire, l'humain qui, bien évidemment, compte tout autant sinon davantage. Ne cherchons pas plus loin les raisons pour lesquelles nous savons aujourd'hui si bien nous perdre dans les détails et si peu résoudre les vrais problèmes qui, dans neuf cas sur dix, ressortent de problèmes humains, de problèmes relationnels...

Faut-il ajouter que l'appauvrissement de la relation humaine et la place trop exclusive laissée à l'analyse et à la technique affaiblissent le ressort même de toute **créativité** constitué par la diversité des approches du monde et leur rencontre ?

Tous ces travers de notre éducation aboutissent à :

- un cruel manque de confiance en nous,
- bien peu de clarté dans l'expression de ce que nous sommes.

---

6. ALAIN, *Propos sur le bonheur*, Gallimard, Folio essais, 1925, page 156.
7. Film américain de Hal SALWEN (qui a déjà plus de dix ans).

**QUAND NOTRE ÉDUCATION S'EN MÊLE…
ET NOUS FAIT PLEURER DE RIRE !**

Et afin de vous convaincre du poids néfaste par certains côtés de notre éducation occidentale, je ne résiste pas au plaisir de vous raconter ce que Stéphane ANDRÉ raconte lui-même à propos du trac dans son livre « Le secret des orateurs » que je vous conseille vivement de lire. À l'issue d'une conférence faite devant des nigérians, le conférencier se tourne vers l'assemblée pour solliciter la participation de l'un d'entre eux à un jeu de rôles. Exercice toujours difficile en Occident où soudain les têtes rentrent dans les épaules, regardent ailleurs, cherchent je ne sais quoi afin d'éviter le regard du conférencier… Or là, dès cette sollicitation faite, Stéphane ANDRÉ écrit : « *À peine avais-je terminé que je vis avec stupeur l'amphithéâtre se lever d'un bloc, et se précipiter en jouant des coudes pour descendre vers la tribune. Au spectacle de cette souriante marée noire qui fondait sur moi, j'eus mon deuxième choc de la matinée. Celui-là m'en appris beaucoup plus encore que le premier. Je compris tout d'un coup que ces gens-là ne ressentaient pas une onde de trac à l'idée de parler en public, fût-ce devant cent personnes. Ces gens-là étaient des africains. Ils s'avançaient joyeusement vers la tribune, lieu de tous les périls pour l'orateur européen. On ne leur avait jamais inculqué l'idée du danger qu'il pouvait y avoir à parler en public. Ils n'avaient pas été élevés comme les petits français.* »

Stéphane ANDRÉ, *Le secret des orateurs*, éditions Stratégies, page 38.

Notre monde

Mais les obstacles ne s'arrêtent pas là : le monde moderne dans lequel nous vivons et son **ivresse de consommation** en est un autre. Ce mouvement fait de nous des obsédés de l'avoir au détriment de l'être. Quelle place une réflexion sur nous peut-elle trouver dans un espace envahi par un zapping effréné entre la télévision, le portable, l'ordinateur, etc. ?

Même constat quant à cette obsession de la **vitesse** qui est désormais la nôtre. Entraînés dans un cycle infernal, nous avons de moins en moins de place pour la réflexion, a fortiori sur nous. Il faut en outre aujourd'hui résoudre la quadrature du cercle : obtenir toujours plus de résultats avec de moins en moins de gens qui travaillent. Comment, dans ces conditions, s'étonner du « speed dating » en tout genre qui propose à qui veut des rencontres de quelques minutes avec d'éventuels recruteurs, de possibles partenaires de business… ?

Nos petits et grands travers

Un autre obstacle majeur est **notre capacité à nous tromper nous-même.** L'homme est ainsi fait : il a une forte propension à ne pas voir les choses avec la justesse que ses atouts légitimes lui confèrent. Nous pouvons ainsi nous survaloriser, nous dévaloriser ou bien encore nous voir avec d'autres yeux que ceux que nous utilisons pour juger les autres. Dans tous les cas, non seulement notre clairvoyance vis-à-vis de nous-même diminue mais nous desservons nos intérêts. C'est l'une des grandes difficultés de cet exercice de parler de soi : **viser juste** !

Les raisons de la **dévalorisation de soi** sont nombreuses. Parmi elles, il y a le fait « *qu'on n'est pas naturellement passionné par soi-même* », comme me le faisait remarquer Sylvie R. que j'ai accompagnée dans son rebond professionnel. Par manque d'entraînement comme je l'ai mentionné plus haut ? Ou bien tout simplement par **paresse** ? Il est en effet plus facile de se déconsidérer que de chercher à s'élever, cela demande moins d'efforts !

En outre, une telle attitude si peu ambitieuse peut nous conduire tout droit à la **plainte**, voire au malheur fatal… qui n'engagera guère les autres à se mobiliser pour nous aider.

Enfin, dans le pire des cas, nous pouvons aller jusqu'à transformer la réalité en nous berçant d'**illusions**. Par exemple en refusant d'admettre une réalité qui nous dérange, en la plaçant à l'écart, le temps de passer à autre chose qui nous arrange davantage.

Sur cette dangereuse capacité à s'illusionner, il vous faudra être vigilant !

Enfin, dans ce travail sur soi, il y a un autre obstacle qui est une sorte de défi étrange pour lequel nous ne sommes guère préparés : il faut **se battre contre soi-même** ! Ici, ce sera produire un effort d'attention particulier ; là ce sera lutter contre l'envahissement d'une idée trop prégnante ; là encore il s'agira de se demander s'il n'y pas dans ce qui nous dérange quelque vérité à prendre en compte malgré tout ... C'est aussi de cette façon que vous trouverez des forces supplémentaires.

J'y ajoute une autre difficulté : **se voir de manière décalée**, en levant la tête vers d'autres horizons, en rencontrant d'autres personnes qui ne sont pas forcément issues de notre domaine, de notre milieu, de notre secteur afin de bénéficier de leur regard... Sans ce regard décalé, vous ne parviendrez à vous voir que partiellement.

DE L'IMPORTANCE DES REGARDS DÉCALÉS SUR SOI...

Écoutez ce que dit ce personnage d'un roman de Paul AUSTER sur l'importance de la **diversité des points d'observation de soi** : « *On ne peut pas savoir où l'on est sur cette terre, sinon par rapport à la Lune ou à une étoile. L'astronomie vient d'abord ; les cartes du ciel en découlent. Juste le contraire de ce qu'on attendrait. Si on y pense assez longtemps, on en a l'esprit chamboulé. Ici n'existe qu'en fonction de là ; si nous ne regardons pas en haut, nous ne saurons jamais ce qui se trouve en bas. Méditez ça mon garçon. Nous ne nous découvrons qu'en nous tournant vers ce que nous ne sommes pas. On ne peut poser les pieds sur le sol tant qu'on n'a pas touché le ciel.* »

Paul AUSTER, *Moon Palace*, Babel, p 241 et 242.

Comme suite logique, voici les trois derniers obstacles les plus difficiles à contrôler qui doivent vous faire redoubler de vigilance !

1. Notre faible attention

« Nous sommes comme des mouches de vinaigre enfermées dans une cuve :
il faut sortir de cet enfermement pour respirer dans le grand espace du monde. [...]
ce qui importe, c'est de nous libérer de nos œillères, si l'on peut dire,
qui restreignent notre vision à notre seul intérêt.
Il s'agit de se mettre à la place des autres... »

Pierre HADOT
La Philosophie comme manière de vivre,
Livre de Poche, page 218.

Tout d'abord, notre faible **capacité d'attention aux autres**, qui va être l'une des difficultés majeures. Nous pouvons avoir la meilleure des volontés d'écouter, de suivre la pensée de l'autre, nous pouvons manifester le plus grand désir du monde à vouloir comprendre ce que l'on nous dit... hélas, comme cet effort va être difficile à maintenir !

Et quand il s'agira de discourir sur nous, il en ira de même avec les autres : ils n'auront guère plus d'attention pour nous !

Or, cette attention est aussi *la* clé de l'échange ! En écoutant les autres, je leur donne une chance : celle de se sentir progresser ! C'est là tout le secret de ceux qui savent écouter. En même temps qu'ils cherchent à comprendre, ils élèvent ceux qu'ils écoutent dans leur pensée. Ils les font aller plus loin et parfois plus haut. C'est pour cela que chaque fois que nous ferons preuve d'une bonne écoute vis-à-vis des autres, nous serons payés de retour !

2. La difficulté du sujet !

Autre obstacle majeur : la **sensibilité du sujet lui-même**. Parler de soi n'est pas neutre. C'est de nous qu'il s'agit, de notre propre histoire. J'ai évoqué dans l'introduction la douleur face à un tel exercice. On devine que certains trouveront le mot exagéré. Ce n'est pas mon point de vue : dans cet exercice, il y a quelque chose de fragilisant. Je le constate tous les jours dans mon métier : parler de soi revient à s'exposer, je dirais presque à se dévêtir en public... et à ses propres yeux ! Cela demande parfois beaucoup de courage !

3. Le temps !

Dernier obstacle et non des moindres : **le temps** dont nous allons disposer pour parler de nous. Ce temps qui, dans le meilleur des cas, sera très court, si court... qu'il va nous falloir le gérer avec économie ! En effet, pour parler de soi, on est neuf fois sur dix dans l'inconfort de la vitesse : nos interlocuteurs n'auront que quelques instants à nous consacrer. Au mieux, quelques minutes mais le plus souvent quelques secondes seulement ! Pourtant nous avons tant de choses à dire. Comment faire le tri ? Comment viser juste ? Comment trouver ce qui va susciter leur intérêt et développer leur attention pour nous ? Comment enfin faire qu'ils se mobilisent pour nous ?

C'est le cœur du sujet ! Je vous propose ainsi, dans une deuxième partie, des exercices pratiques pour bien parler de soi en quelques minutes.

DEUXIÈME PARTIE

PARLER DE SOI : BONNE NOUVELLE, ÇA S'APPREND !

CHAPITRE 3

S'organiser !

Il va s'agir de mettre en place des séquences de travail qui soient gérables et compatibles avec la vie professionnelle et personnelle qui continue... Ces séquences vous prendront chaque fois entre 30 minutes et 1 heure maximum. Organisez-les en les programmant et en vous efforçant de respecter ce que vous avez décidé de faire.

> Prenez rendez-vous avec vous-même !

Attention à ne pas rompre le temps que vous vouliez consacrer à ces séquences. En effet, selon la loi de CARLSON, toute activité cessée ou interrompue nécessite une surconsommation de temps pour s'y remettre. Il faudra donc vous concentrer sur chaque séquence et aller jusqu'au bout.

Prévoyez une quinzaine de rendez-vous avec vous-même.

Voici sept recommandations de principe qui vous permettront de produire du bon travail.

1. De l'importance de réfléchir avant d'agir...

La première étape consiste en un retour sur soi. Elle constitue *le* préalable qu'il ne faut pas manquer !

Un manque de préparation sur ce sujet serait fatal et vous entraînerait vers le développement de thèmes ou de détails sur vous qui ne sont pas forcément attendus par vos interlocuteurs. Dès lors c'est la confusion qui risque de régner dans l'esprit de celui à qui vous vous adressez. En lui « servant » une sorte de fourre-tout, vous ne lui donnerez pas une idée très claire de qui vous êtes vraiment, de ce dont vous êtes capable et de ce que vous voulez faire. En cuisine, on appelle ce plat un « j'y fous tout ». Il s'agit d'un dessert fait des fruits restés un peu trop longtemps dans la corbeille... Bien qu'étant le meilleur des plats, il ne donne pas une idée très précise de ce que l'on a ingurgité...

Donner de la clarté pour éviter la confusion est donc le premier objectif. Et pour l'atteindre, il faut commencer par travailler sur soi et se mettre à chercher. Ceci pour trois raisons :

Improviser ou se préparer ?

Premièrement parce que, paradoxalement, rien ne nous empêche de le faire sans grande préparation. Quelles que soient les circonstances, nous trouvons toujours quelque chose à dire. Mais hélas de quelle manière... !

Sortir de soi ?

Deuxièmement, il convient de travailler sur soi parce que nous ne sommes pas entraînés ni équipés sur le plan méthodologique pour un tel exercice de réflexion. Nous ne savons pas prendre ce temps de réflexion régulier sur nos actions, notre parcours, notre trajectoire.

Puisque nous ne sommes ni entraînés ni rompus à cet exercice, seul un événement ou une déstabilisation peut parfois nous inciter à entreprendre cette démarche autoréflexive et ainsi à **sortir de nous**. C'est un acte fondateur pour cette démarche. Il agit comme un acte de rébellion salutaire. Il va nous conduire à penser vraiment à nous, en commençant par nous dire « non » ainsi que nous y invite le philosophe ALAIN : « *Penser, c'est dire non.* »

Nous avons vu combien dans notre éducation tant de choses sont, malheureusement, éloignées de cette idée de sortir de soi, de nous dire « non » qui, seule, permet de tirer profit des événements de notre vie, d'intégrer ses épreuves comme autant d'incitations à développer notre ouverture au monde et notre capacité à nous y sentir plus libres et plus forts.

Amnésiques ?

Troisièmement, il faut travailler sur soi parce que nous sommes volontiers amnésiques sur ce que nous avons fait, y compris lorsqu'il s'agit de succès dont nous pouvons être légitimement fiers. Ce qui risque de nous desservir.

Il convient donc de prendre le temps et le soin nécessaires pour reconstituer le passé. Ceci doit gouverner notre démarche. C'est ainsi que nous y verrons plus clair pour ensuite restituer ce passé de manière convaincante.

2. Formalisez pour mémoriser

Formalisez, formalisez, « c'est le fond qui manque le moins… ! »

C'est une remarque méthodologique d'importance : vous n'avez pas d'autre moyen à utiliser pour restituer ce passé que celui de le **formaliser** sur papier. Pour produire du bon travail, il va vous falloir écrire ! En vous disant ceci, je sais parfaitement que, pour beaucoup, écrire n'est pas seulement une épreuve mais une vraie souffrance ! C'est d'ailleurs la raison pour laquelle je vous parle tout de suite de cette nécessaire formalisation. Ne prêtez pas le flanc une seconde à cette illusion qui consisterait à croire que vous pouvez vous en passer. C'est cette formalisation et ce travail que vous allez produire autour qui vont vous permettre de trouver les bons mots, les bonnes phrases, qui vont vous inciter à mettre de la couleur autour de vos expériences et de vos réussites ! Ne pas se résoudre à formaliser équivaudrait à demander à un peintre de produire une peinture en le privant de ses pinceaux qui vont donner corps à son inspiration !

Autre intérêt de la formalisation écrite plutôt que tout autre moyen : l'écrit force à la **concentration** ! Ce que vous aurez écrit avec soin, et sur le fond et sur la forme, en choisissant les bonnes idées et les bons mots pour les exprimer, vous apportera un avantage majeur : vous vous en souviendrez mieux que si vous avez fait cet exercice en dilettante ! **Écrit** et **mémorisation** vont très bien ensemble !

3. Formalisez pour être plus juste

Sur l'importance de la formalisation, songez à ceci : « *Il n'y a de pensée qu'à partir du moment où celle-ci se formule, c'est-à-dire se constitue par la réalité des mots*[8]. »

Sur ce point, il vous faut prendre conscience que c'est en les formalisant que vous allez trouver les idées les plus justes et les plus appropriées dont vous avez besoin pour, ensuite, convaincre à l'aide des présentations qui vous seront demandées.

Cet exercice de formalisation est difficile mais il est nécessaire si vous voulez exceller dans l'art de parler de vous. Parfois même vous aurez l'impression qu'il s'agit d'un vrai exercice littéraire : ce n'est pas faux ! Et pour les plus sceptiques, je dirais ceci : croyez-vous vraiment que vous convaincrez avec autre chose qu'avec un discours bien travaillé et sur lequel vous aurez fortement transpiré… ?

C'est ainsi, plus vous aurez transpiré sur la recherche des mots les plus justes, sur l'organisation la plus appropriée de ce que vous avez à dire, plus vous serez à l'aise au moment d'agir oralement ! Le fil de votre intervention, les liens entre les arguments, les illustrations choisies, tout ceci se déclinera d'autant mieux et avec d'autant plus d'élégance et de justesse que c'est vous qui les aurez trouvés après les avoir bien travaillés !

Au fond, il s'agit d'abord de **bien penser** pour ensuite **bien dire** ! Une simple question de bon sens ? Et pourtant, notre société de communication et de « blabla », dans laquelle le « dire » terrasse tout, à commencer par l'idée même de réflexion, ne nous incite pas tellement à suivre ce bon exemple.

4. Choisissez votre sujet et votre rythme

Autre point important avant de démarrer : parfois, l'exercice auquel vous êtes convié, parmi ceux qui vous sont proposés, vous

8. Clément ROSSET, *Le Choix des mots*, éditions de Minuit, 1995, page 29.

apparaîtra fastidieux. Entrer en observation systématique de soi, mettre à jour tout ce qui va émerger de votre mémoire en le formalisant, utiliser un angle d'attaque chaque fois différent et qui va forcément recouper l'un ou l'autre exercice déjà fait précédemment... Sans compter que tout ce travail va durer plusieurs jours et vous occuper de manière constante. Bref, vous aurez parfois un sentiment aigu de répétition, de déjà-vu, voire de lassitude... !

Pour autant, n'abandonnez pas. Si vous sentez poindre un peu de lassitude, passez à l'exercice suivant et revenez, à l'occasion, sur celui que vous avez quitté. Chacun de ces outils, dans sa séquence ou son domaine d'intervention, est plus ou moins lié aux autres. De telle sorte qu'il ne faut pas hésiter à passer de l'un à l'autre. Parfois même, passer d'un exercice à un autre avant de l'avoir achevé est bon pour celui que l'on quitte. Cela permettra d'y revenir avec l'éclairage de l'exercice suivant. Mais attention, ne prenez pas un tel prétexte pour ne jamais finir un exercice !

5. Ne laissez pas une bonne idée s'échapper !

Enfin, sachant que les idées arrivent par association, lorsqu'en utilisant l'un des outils proposés vous avez une idée touchant à un autre outil ou à un tout autre domaine, n'hésitez pas à la formaliser tout de suite : les idées sont comme des savons mouillés qui échappent à l'emprise de la main... ! Là aussi, fixez vos idées sur le papier sans attendre et où que vous soyez afin de les retrouver ! Équipez-vous d'un petit carnet de route et d'un crayon !

Soyez créatif en retrouvant votre passé !

Cet exercice de concentration sur votre passé va vous stimuler. C'est en effet à la production d'un vrai tourbillon d'idées que je vous convie. Telle expérience retrouvée va vous mettre sur la piste d'une compétence ou d'un goût particulier pour telle ou telle activité ; ou bien une expérience retrouvée vous mettra sur la piste de l'un de vos collègues dont l'exemple ou le souvenir a laissé en vous des traces.

Ces éléments de votre passé, vous les aviez oubliés mais ils peuvent être pour vous, une fois réactivés, de vrais gains de compétences que vous pourriez réutiliser. Ou bien encore telle expérience ou telle circonstance vous fera retrouver des éléments forts de votre personnalité ou quelque attachement à certaines valeurs qui comptent pour vous et sur lesquels faire l'impasse dans un projet professionnel reviendrait à prendre de mauvais risques !

C'est la raison pour laquelle je vous convie à être équipé, de façon à ne rien omettre des idées qui vont apparaître.

Le meilleur outil : un bon vieux cahier de brouillon d'autrefois !

Sur ce sujet, voici un petit conseil de méthode : pendant le temps de cette remémorisation et de cette formalisation, vous allez produire des idées comme jamais !

Pour ce faire, travaillez donc avec un petit cahier le temps de ce retour sur vous (format cahier de brouillon d'autrefois 17 × 22 cm). Celui-ci va vous permettre de déposer vos idées à partir des matrices proposées pour chaque outil en consacrant un espace (une ou deux pages) à chaque thème.

Utilisez ce cahier comme un journal de bord sur lequel vous allez vous concentrer à certains moments de la journée. Ayez-le toujours sur vous pour pouvoir l'utiliser dès qu'il le faut : vous êtes dans le bus, dans le métro, une idée vous traverse l'esprit, notez-la pour mieux rebondir ensuite sur d'autres idées ! Avec la vingtaine d'outils proposés dans ce bilan, un seul cahier devrait suffire.

Et parfois laissez vagabonder votre pensée. Ce n'est pas parce que vous quitterez cet exercice de temps à autre que pour autant votre réflexion s'en trouvera immobilisée. Une autre activité, un dégagement sur d'autres domaines vous y fera revenir sans que vous vous y attendiez. C'est souvent ainsi que la bonne idée, la juste pensée arrive, après quelques errements…

6. Ne comptez pas trop sur vos amis à ce stade !

Dans cet exercice, la tentation est grande de s'en remettre aux autres pour produire ce travail : « *Ma femme ou mon mari me connaît bien, elle ou il va m'aider...* », « *Tel ami avec lequel j'ai beaucoup partagé sera sûrement d'un bon conseil...* », etc. Il ne s'agit certes pas d'exclure ceux qui vous connaissent de la réflexion que vous allez engager sur vous-même. Mais ne les sollicitez pas à ce stade. C'est trop tôt et leur avis risque de brouiller les cartes.

Et puis, parce que c'est beaucoup trop tôt et qu'ils le sentent, ils risquent de ne pas oser à ce stade vous donner leur vrai sentiment et de vous « servir » un compliment malgré tout, plus que ce jugement sincère dont vous avez besoin pour progresser.

Aide-toi, le ciel t'aidera !

Ceci ne veut pas dire qu'il faut rejeter vos amis hors du champ de vos investigations. Mais ne les sollicitez pas tout de suite. C'est plus tard qu'il vous aideront. Commencez d'abord par travailler par vous-même !

7. De l'importance d'être juste avec soi-même

Enfin, une dernière recommandation : faites un effort de loyauté envers vous-même. Soyez vrai et juste ! Il faut faire un effort de **vérité** parce que rien ne sert de s'en éloigner. S'éloigner de soi-même dans un tel exercice reviendrait à produire un personnage de fiction autour duquel les dangers augmenteraient considérablement. Effort également de **justesse** parce que, ainsi que je vous l'ai dit, vous allez osciller continuellement entre la sur-valorisation et la sous-valorisation de vous-même. Cherchez dans tous les exercices auxquels je vous invite à trouver sur vous-même la « note juste » !

Les trois étapes nécessaires

Étape n° 1 : retrouvez de la matière première

En somme, il s'agit d'abord de retrouver de la matière première avec laquelle, dans un deuxième temps, nous pourrons construire un discours harmonieux avec nous-même.

Un conseil pratique : pendant ce travail sur vous, cherchez constamment les bonnes raisons de vous acheter vous-même !

Un vrai bilan de soi, voici ce à quoi je vous convie. Avec l'objectif de faire émerger vos compétences et vos motivations majeures, c'est-à-dire celles avec lesquelles vous avez pu bâtir votre parcours professionnel et obtenir vos succès comme, parfois, passer par quelques échecs.

Cette première étape fera apparaître essentiellement :
– ce que vous **savez** faire,
– ce que vous **aimez** faire.
Puis, lors de la constitution du projet qui devra intégrer les attentes du marché, vous devrez continuellement faire ressortir :
– ce que vous **pouvez** faire,
– de ce que vous **voulez** faire.
Ces quatre points sont les clés indispensables à posséder pour construire un discours convaincant.

Étape n° 2 : voir clair et comprendre sans juger

Autre point important : l'objectif de cette deuxième partie consiste à avoir une vision claire et la plus proche de la réalité de votre passé de façon à pouvoir en parler judicieusement. Il ne s'agit en aucun cas de vous transformer en juge de vous-même. Vous devez simplement vous efforcer de voir juste, ce qui veut dire comprendre de l'intérieur votre histoire. Avec une distance, un recul qui vous porteront à un maximum d'objectivité ; c'est cela sortir de soi ! Plus vous serez concentré sur la recherche des éléments constitutifs de ce passé, plus vous vous éloignerez d'un jugement hâtif et insignifiant. Soyez vis-à-vis de vous-même comme Monseigneur Bienvenue vis-à-vis des fautifs, celui qui cherchait d'abord à comprendre en mettant toujours sa faculté de juger en réserve : « *Voyons le chemin par où la faute a passé*[9]. » Chaque fois que votre jugement prend le dessus, c'est votre attention

9. Victor HUGO, *Les Misérables*, Gallimard, Folio, 1862, page 60.

qui baisse. Or c'est de celle-ci dont vous avez le plus grand besoin, non de l'autre.

Étape n° 3 : construire un discours

Comprendre afin de bien voir doit constamment vous animer dans cette démarche analytique. Car quelles que soient les circonstances, ce qui vous sera demandé sera de dire de manière très concrète ce que vous savez bien faire et ce que vous aimez faire.

Faire comprendre quel genre d'individu vous êtes et quel est votre projet : quel type de travail vous voulez avoir, quel est votre secteur et votre environnement de prédilection, quel genre de valeur ajoutée vous pouvez apporter à vos clients… ? On doit deviner qu'il s'agit de vos savoir-faire, de votre domaine d'excellence, peut-être même de votre passion… ?

Le fils de l'un de mes amis, après une école hôtelière faite en France, et à l'issue d'un stage aux USA, rencontre le président de l'une des plus grandes chaînes hôtelières américaines, avec l'idée d'essayer de se faire embaucher. Dès le démarrage de l'entretien, le jeune homme, évidemment très impressionné, lui tend timidement son CV sur lequel il a passé une partie de la nuit. Le président, après l'avoir invité à s'asseoir, jette un œil bienveillant sur le jeune homme, se saisit du papier sans le regarder, puis d'un geste écarte le document hors de son champ de vision pour le poser à l'extrémité de son large bureau. À cet instant, il concentre son regard vers le jeune homme et dit avec un peu de gourmandise : « *Dites-moi précisément ce que vous savez bien faire… ?* »

Seul son bagage de savoir-faire opérationnels était susceptible d'intéresser ce président ! Et, après en avoir décliné quelques-uns, le jeune homme fut embauché en deux temps, trois mouvements.

Certes, ceci est une histoire qui peut paraître excessive, voire un peu américaine… et pas forcément adaptée à nos modes de présentations européens, à nos standards ! On pourrait aussi dire que l'exemple concerne un métier par trop pratique, que tout ceci est trop exagéré…

Il n'empêche. Si j'ai choisi de vous la raconter pour commencer, c'est sans doute parce que **le souci d'être concret** est le premier des efforts à produire sur soi. Dans mon métier, je le constate tous les jours, la plupart des gens, pour parler d'eux, sont trop conceptuels ou trop abstraits. Or ce n'est pas ce qui est attendu : être concret est le meilleur moyen d'aller à l'essentiel et de faciliter la compréhension.

CHAPITRE 4

12 clés pour enrichir vos discours

Être au clair avec soi-même pour mieux convaincre

Ce travail consiste à aller à la recherche des points importants de votre parcours professionnel et personnel ainsi que de votre personnalité.

Comment ? En suivant scrupuleusement la méthodologie proposée. Elle est constituée de 12 exercices qu'il vous faut considérer comme autant d'outils utiles pour obtenir cette clarté qui, une fois atteinte, va vous permettre de développer un discours compréhensible, convaincant et mobilisateur ! Ce sont vos « 12 travaux d'Hercule » qui vont vous libérer pour mieux avancer. Sur Hercule et ses 12 travaux, il faut entendre ceci : « *Par les monstres qu'il cherchait et qu'il écrasait, Hercule se prouvait à lui-même sa puissance*[10]. » C'est à cela que je vous invite : **retrouver par vous-même, à chaque fois, un peu de votre puissance !**

Voici ces 12 exercices à faire en quelques jours (10-15 jours au total suffisent) et ceci de manière concentrée mais aussi en observant des moments de respiration et de digestion.

10. ALAIN, *Propos sur le bonheur*, Gallimard, Folio essais, 1925, page 103.

Exercice n° 1 : quelle est votre histoire personnelle, de quoi est constitué votre environnement et quelles en sont les marques originales ?

Il vous faut chercher à qualifier l'univers personnel d'où vous êtes issu. Pour quelle raison et pourquoi ceci a-t-il de l'importance ? Parce que nous sommes, entre autres, le fruit d'une histoire familiale (mais pas seulement) dont les ramifications, parfois hors de notre connaissance, ont largement contribué à notre formation sans que nous en soyons pleinement conscients. De telle sorte que le sens général de ce qui peut compter ou pas pour nous peut parfois nous échapper. Comment dans ces conditions tirer parti, par exemple, de la connaissance de tel ou tel point fort ou faible dont nous avons hérité ? Notre histoire personnelle est aussi constituée de celle de notre famille et c'est en en retrouvant les points forts comme les points faibles que nous ferons la clarté sur les aspects qui peuvent aujourd'hui encore compter pour nous. Prenons donc le temps de formaliser les points qui nous paraissent importants.

« Travail, famille, patrie »... un bon moyen mnémotechnique de vous souvenir des domaines à travailler (en ôtant immédiatement le côté vichyste bien sûr !) : qui suis-je au travail ? qui suis-je dans ma famille ? qui suis-je dans le civil ? Trois questions autour desquelles votre réflexion doit se faire.

Voici quelques-unes des questions que vous pouvez utiliser pour pénétrer votre histoire. Essayez de formaliser chacune des réponses en quelques phrases, davantage si vous le pouvez. Certaines vous inspireront, d'autres moins, concentrez-vous sur l'exercice et laissez-vous aller.

<u>Quel est le nom de votre famille</u> ? D'où vient-il ? Avez-vous déjà réfléchi à l'influence de votre patronyme sur le cours de

votre existence et de celle des autres membres de votre famille ? Écoutez ce que FREUD dit sur ce sujet dans *Totem et Tabou* : « *Le nom d'un homme est une des parties essentielle de sa personne, peut-être même de son âme*[11]. »

Par exemple, vous pouvez vous interroger sur les métiers exercés par les membres de votre famille en vous demandant si un lien peut être fait avec ce patronyme. Celui-ci peut-il être relié avec d'autres éléments qui vous paraîtraient importants ?

Prenez le temps d'une réflexion sur ce sujet et même si celle-ci vous laisse un peu sec, vous ne perdrez pas votre temps.

D'où vient votre famille ? Quelle est son histoire ? Quel est son style ? Qu'en disent les membres de cette même famille pour la qualifier ? Existe-t-il des traits marquants qui ont influé sur son cours ? (croisements, migrations, …). Laissez revenir à vous des souvenirs sans doute éparpillés et fixez-les sur le papier. Parlez-en à vos proches, faites-les réagir !

Qui sont vos père et mère ? Que font-ils ? Quel est leur métier ? Et vos grands-parents, que faisaient-ils ? D'où viennent-ils ? Et vos frères et sœurs ? Dans quel chemin chacun des membres de la famille s'est-il engagé ? Pour aboutir à quoi ? Y a-t-il des points communs ou des divergences de trajectoires significatifs ? Pourquoi ? Où sont les traits majeurs de telle ou telle branche de votre famille ?…

La recherche peut évidemment porter sur d'autres personnages plus lointains qui comptent dans la famille, ceux qui sont influents ou l'ont été, ceux qui sont des références dans un domaine, ceux à qui vous ou votre cercle familial restreint doivent peut-être quelque chose… Vous pouvez également penser aux amis de la famille dont la proximité, l'influence a là aussi été importante.

Y a-t-il des déterminants dans votre famille ? Y a-t-il des éléments constants entre chaque génération dont on peut penser raisonnablement qu'ils ont eu de l'influence dans le parcours de

11. Sigmund FREUD, *Totem et Tabou*, Payot, 1913, pages 169-170.

cette famille ? Sont-ils repérables ? Et, s'ils le sont, existe-t-il des traces dans votre propre parcours ? En quoi ont-ils eu de l'influence sur vos choix, sur vos engagements, sur les attentes qui sont les vôtres notamment vis-à-vis des autres ?

Qui est mon conjoint ? Que fait-il ? Quelle est sa profession ? Existe-t-il des éléments ayant trait à ses valeurs, ses engagements, ses activités, ses comportements ou son style qui doivent être pris en compte et qui peuvent contribuer à voir plus clair en vous ? Quant aux choix de mon conjoint, que puis-je dire en pensant à moi ?

Quels sont les autres éléments importants à prendre en compte dans votre réflexion ? Vos enfants, où en sont-ils ? Quels sont les projets familiaux, personnels et les autres contraintes ? Vous ne pouvez pas en effet parler de vous sans tenir compte du reste : ce contexte est le vôtre, vous ne pouvez vous en écarter sans risquer, faute de cohérence avec lui, de laisser planer un doute, des interrogations qui risqueraient de ruiner vos efforts de conviction.

Nous verrons d'ailleurs plus loin combien il importe de savoir aussi parler de soi à titre personnel. Le professionnel prime dans tous les cas de figures mais les éléments personnels doivent être restitués faute de quoi vous ne donneriez qu'une idée incomplète de ce que vous pouvez offrir à un employeur, à un futur client, à un éventuel partenaire, etc.

Ces questions posées ne sont bien évidemment pas exhaustives. La matière est très riche et vous pouvez à loisir vous laisser aller à raconter davantage si tout ceci vous inspire.

Certes, vous n'êtes pas dans une démarche du style *À la recherche du temps perdu* ou *Les Confessions*... ou bien encore dans une démarche de type psychanalytique dont les ambitions sont évidemment plus grandes. Vous êtes plutôt dans le cadre d'une démarche dont l'ambition consiste, à partir d'un effort de mémoire et de manière autonome dans un premier temps, à faire resurgir toute une série d'éléments de nature à vous permettre de voir plus clair en vous.

Un tel bilan invite parfois à renouer ou réactiver des liens familiaux. On veut, là, vérifier tel point, ici, trouver une réponse à telle interrogation. Tout ceci va dans le bon sens et il ne faut pas hésiter à échanger avec ceux qui sont concernés. Il suffit pour ne pas les inquiéter de leur expliquer que vous êtes en train de réfléchir à votre parcours et que, dans ce cadre, vous cherchez à enrichir votre vision avec la leur sur ces aspects personnels communs.

Et si d'autres outils (participation à un groupe de paroles, un coaching, une psychothérapie ou toute autre forme de travail sur soi) vous permettaient d'enrichir votre réflexion, ne vous en privez pas !

RÉSUMÉ DE L'EXERCICE N° 1

Cherchez à formaliser les traits majeurs de ce qui constitue votre histoire personnelle. Posez-vous des questions simples sur vous et votre contexte familial.
Efforcez-vous d'y répondre par écrit avec les mots les plus précis et les plus justes.

Exercice n° 2 : quel est votre parcours de formation ?

Cette étape consiste à mettre à plat les principaux points constituant votre bagage de connaissances et de savoir-faire. Ceux dont vous disposez et que vous pouvez utiliser pour produire des succès professionnels.

Quels sont les domaines qui vous ont séduit et quels sont les bons « profs » dont vous vous souvenez ?

Il s'agit donc bien d'aller au-delà des quelques lignes figurant dans votre CV et qui, le plus souvent, ne font que rappeler la formation initiale dont vous avez bénéficié à l'issue de votre parcours scolaire et universitaire.

Il faut donc vous efforcer de vous rappeler toutes vos étapes de formations en partant des différents établissements scolaires que vous avez fréquentés, en vous demandant pour chacun d'entre eux ce que vous y avez appris, ce qui vous reste de ce temps, ce qui vous a rendu compétent ou motivé dans tel ou tel domaine, ou bien encore ce qui a contribué à forger tel ou tel trait de votre personnalité.

Poursuivez de la même façon en précisant ce que chacun de vos diplômes vous a apporté en termes de compétences et de motivations. Exemple : « *En sortant de Sciences Po ou de l'école de commerce, j'étais capable ou je savais faire telle ou telle chose et j'avais le goût et/ou l'envie de tel ou tel type d'action.* »

Enfin, n'oubliez pas les périodes de formation durant votre carrière. La formation continue à laquelle vous avez participé et qui a été l'occasion d'un gain de compétences ou d'un surcroît de motivation. Essayez de retrouver ces moments forts qui, sans forcément avoir propulsé votre carrière, vous ont apporté un enrichissement, un confort, un appui, une solidité supplémentaire dans l'exercice de votre fonction.

Souvenez-vous aussi des personnes que vous avez croisées et qui ont représenté pour vous autant de modèles qui vous ont peut-être marqué à tout jamais au point de vous inspirer encore dans vos pratiques d'aujourd'hui. Quels sont les bons transmetteurs que vous avez eu la chance de croiser et dont vous avez gardé le souvenir ?

N'omettez pas non plus, quand le cas s'est présenté, ces moments de la vie professionnelle où l'on a le sentiment, là aussi, d'avoir appris quelque chose de fondamental, d'avoir grandi… : au cours d'une réunion avec des collègues, au cours d'un séminaire avec des intervenants inspirés, d'un rendez-vous avec un client savant (le même raisonnement est valable pour la vie personnelle !).

La vie professionnelle est plus riche qu'on ne le pense en occasions de formations de toutes sortes. Elle est composée de nombreux éléments annexes que l'on a tendance à oublier, y compris quand leurs enseignements ont été profitables.

En faisant cet exercice, essayez de déceler quels sont les domaines qui vous ont attiré, quelles sont les compétences qui étaient en jeu ? Votre parcours de formation, comme le reste, n'est pas simplement dû au hasard… !

RÉSUMÉ DE L'EXERCICE N° 2

Faites la liste des moments d'apprentissage importants de votre vie professionnelle. À chaque étape, sachez vous poser les questions : « Qu'ai-je appris ? », « Que me reste-t-il de cette période ? »

Derrière ce type de questions se profilent déjà vos compétences et vos motivations !

Exercice n° 3 : quelles sont les différentes étapes de votre carrière ?

Tentez de reconstituer les différentes étapes de votre carrière.

N'hésitez pas à commencer très tôt. Il arrive parfois que des expériences importantes aient eu lieu avant votre vrai démarrage professionnel : au cours d'activités diverses dans lesquelles vous avez pu développer des compétences ou un intérêt particulier pour une activité qui peut mériter d'être rappelée (scoutisme, vie associative, projets réalisés avec des amis, jobs d'étudiant qui ont compté, etc.).

Soyez précis et factuel !

Vous chercherez à identifier et comprendre pour chaque étape ce que vous avez su faire et ce que vous avez aimé faire ! C'est-à-dire ce qui, en termes de compétences et de motivations, a fonctionné dans chacune de ces étapes. Décrivez en quelques lignes votre parcours en vous attachant à préciser pour chaque étape :

– votre fonction,
– vos responsabilités,
– le contexte de l'époque,
– les missions, les tâches principales qui vous ont été confiées,
– le ou les défis principaux qui vous étaient proposés,
– les succès remportés mais aussi les échecs,
– les bonheurs et les malheurs professionnels,
– l'existence ou non d'une responsabilité managériale,
– le type d'entreprise ou d'unité (forme de l'entité, secteur, produits, ...),
– les liens que vous avez pu avoir avec d'autres secteurs dans l'entreprise ou hors de l'entreprise (fournisseurs, partenaires),
– etc.

Prenez le temps de formaliser chacune des étapes. Soyez précis dans la description. L'effort que vous produirez paiera. Vous vous en rendrez compte rapidement !

Profitez-en pour noter les noms des personnes que vous avez rencontrées. Restaurez-en le souvenir, surtout lorsqu'il s'agit de personnes qui vous ont marqué par l'exemple qu'elles ont su vous donner.

Notez aussi les associations d'idées qui en découleront : elles vont enrichir votre réflexion.

Avant de terminer chacune de ces étapes, vous vous demanderez ce qui vous en reste, en bien comme en mal, et notamment :

– ce qui a enrichi votre parcours et ce qui vous en reste encore aujourd'hui (qu'y ai-je appris ? quelles expériences en ai-je tiré et que je pourrais reproduire ? etc.),
– ce que vous y avez aimé ou bien détesté !

La dernière étape de votre carrière doit exiger de vous davantage de précisions. Elle est celle dont le souvenir est le plus précis et sans doute celle qui, faisant la somme de toutes les autres, est la plus riche (sauf si cette dernière étape représente une réorientation majeure).

RÉSUMÉ DE L'EXERCICE N° 3

Revenez sur chacune des étapes de votre parcours et faites un effort de concentration en vous donnant comme objectif d'être précis dans la description de l'étape.

Concernant la dernière étape professionnelle (votre dernière activité), attachez-vous à donner le maximum de détails.

Exercice n° 4 : quels sont vos centres d'intérêt, vos activités extraprofessionnelles, vos hobbies, vos dadas ?

Quand vous ne faites rien, que faites-vous ?

Sachez faire apparaître clairement qui vous êtes en dehors de la sphère professionnelle.

Ce travail qui vous est demandé sur le plan personnel va enrichir votre réflexion. En effet, le type de loisirs choisis, le genre de relations que vous développez sur le plan personnel, les centres d'intérêt qui sont les vôtres…, tous ces éléments sont de nature à éclairer les raisons de telle réussite obtenue ou de tel échec éprouvé sur le plan professionnel.

La seule observation du domaine professionnel ne suffit pas à tout expliquer.

Vous ferez donc l'effort de vous concentrer sur :

– vos types de loisirs. Comment les occupez-vous ? Quel est le type d'activité vers lequel vous vous portez naturellement quand vous avez devant vous une heure, un jour ou une semaine de loisir ?

– quelles sont les activités physiques auxquelles vous vous livrez ?

– quel type de magazine lisez-vous ? (quotidiens, hebdos, mensuels, ...) et comment les lisez-vous ? Quels sont les articles vers lesquels votre attention vous porte naturellement, les rubriques qui vous attirent et que vous lisez en premier ? Vers quel genre de sujets allez-vous naturellement ? Expliquez pour chacun d'entre eux les raisons de votre choix. Il y a fort à parier, là aussi, que les thèmes qui ressortiront illustreront vos domaines de prédilection. Pas forcément vos domaines de compétences, bien que... Creusez cette question et voyez comment l'intégrer à votre réflexion, à vos projets.

– quels sont les livres qui vous ont le plus marqué ? Et, le cas échéant, quels sont ceux que vous relisez fréquemment ? Tentez de comprendre les raisons de cet attachement : quand les avez-vous lus ? quels sont ceux que vous avez lus dernièrement et qui vous ont inspiré, apporté quelque chose ?

– quels sont les spectacles auxquels vous avez assisté et qui vous ont marqué ?

– avez-vous des activités de type associatif ? Exercez-vous des activités bénévoles ?

Petit test annexe : vous êtes chargé d'organiser quelques sessions de formation ; sur quels thèmes porteraient-elles ? Mettez sur le papier deux à dix sujets puis expliquez les raisons pour lesquelles vous les avez choisis. Enfin hiérarchisez-les en fonction de vos préférences.

C'est un excellent indice de ce vers quoi vos goûts vous portent. Il est par ailleurs fort probable que les deux ou trois sujets qui figurent en première ligne sont ceux qui touchent de près quelques-unes de vos compétences. Vos talents ne sont pas loin... !

Sachez expliquer chacun des points en essayant de retrouver d'où vient cet attrait, comment il a évolué au cours des années, cherchez à identifier quels sont les bonheurs qu'ils vous ont apportés, etc.

À ce stade, faites le lien avec l'objectif central de l'exercice : quelles compétences, quelles motivations entrent en jeu dans ces activités ? Si telle compétence ou motivation apparaît qui vous renvoie à l'univers professionnel, c'est plutôt bon signe : les associations de compétences personnelles et professionnelles sont les meilleures ! Se lever le matin et aller à son travail avec l'idée que l'on va faire ce que l'on aime par-dessus tout, c'est ça, le bonheur !

RÉSUMÉ DE L'EXERCICE N° 4

Qui êtes-vous personnellement ? Que faites-vous quand vous ne faites rien ? C'est ce à quoi cet exercice vous convie.

Sachez formaliser vos traits majeurs sur le plan personnel (attirances, occupations favorites, petits ou grands bonheurs de votre vie...).

Exercice n° 5 : à quoi ressemble votre courbe de carrière ? (tentez d'en comprendre la trajectoire)

Voici un bon moyen de visualiser d'un coup d'œil la façon dont vous ressentez votre parcours professionnel et l'harmonie forte ou faible que vous avez pu rencontrer à chacune des étapes.

La courbe va vous donner une image d'ensemble de votre parcours et va vous permettre d'aller rapidement à l'essentiel des moments importants (moments de bonheur professionnel et moments de malheur professionnel).

Mais qu'entend-on par bonheur professionnel ? On pourrait dire qu'il s'agit d'un sentiment de plénitude, fruit de la conjonction entre de fortes compétences et de fortes motivations utilisées lors d'une épreuve ou d'un défi professionnel et aboutissant à un succès.

Par exemple, vous avez adoré faire partie, à l'une des étapes de votre carrière, d'une équipe qui a su construire, innover à propos de telle ou telle action ou projet. Cette équipe vous a parfois donné le sentiment de vivre intensément cette aventure dans le torrent duquel vous étiez comme jeté… en plein bonheur ! Si tel est le cas, vous ne manquerez pas de positionner cette étape au top de la courbe.

À l'inverse, vous avez peut-être connu une étape difficile au cours de laquelle vous avez peiné, qui ne vous donnait aucune ardeur à vous investir et dans laquelle il n'y avait pas d'harmonie avec ce que vous êtes au plus profond de vous-même… Cette étape, vous ne manquerez pas de la positionner dans le bas de la courbe.

Ces bonheurs ou malheurs professionnels, petits ou grands, vous les retrouverez d'autant mieux que vous aurez pris soin de reconstituer votre carrière sous la forme d'une courbe.

En ordonnée, vous représenterez le taux de satisfaction que vous illustrerez de 1 à 10 (10 étant le nirvana, et 1 l'enfer…).

En abscisse, vous représenterez les différentes étapes de votre parcours.

Mais vous veillerez à faire cette courbe en deux fois : au démarrage du « retour sur soi », faites une première courbe au doigt levé illustrant les grandes étapes (chaque entreprise, chaque poste). Puis, à la fin des « 12 travaux », faites une deuxième courbe plus détaillée : pour chaque grande étape, cherchez à illustrer les différentes périodes correspondant à des missions, tâches ou projets. En allant ainsi dans le détail, vous percevrez mieux pourquoi à tel moment vous avez été parfaitement heureux ou malheureux dans une activité.

Cette courbe de carrière, par la mesure qu'elle donne de ces moments, nous oblige à la réflexion sur les points stratégiques (positifs comme négatifs) qui apparaissent. Vous verrez, agrandis comme sous l'action d'une loupe, ces points stratégiques vont « crever l'écran » !

Vous pourrez ensuite plus facilement en les rapprochant, en les confrontant, enrichir la réflexion d'ensemble sur votre parcours.

Exemple :

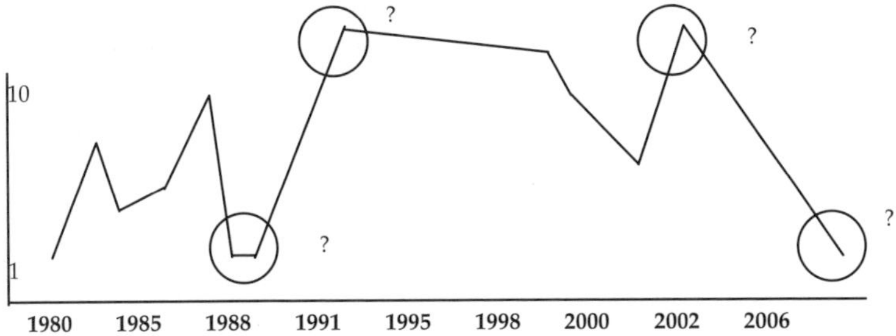

Puis vous formaliserez les moments forts de votre parcours en les expliquant. Aux moments de véritable joie professionnelle comme à ceux de pénibilité, vous chercherez à trouver quels en étaient les ingrédients. Qu'est-ce qui a fait que la mayonnaise a pris si bien dans tel cas et qu'est-ce qui a fait qu'elle n'a pas pris dans tel autre ?

Parfois, vous arriverez à la conclusion que, dans l'analyse des ingrédients, il n'y avait pas qu'une affaire de compétences ou de motivations. D'autres ingrédients y étaient ou n'y étaient pas… ! À vous de trouver quoi en vous rappelant l'objectif initial de l'exercice : faire la clarté sur soi !

RÉSUMÉ DE L'EXERCICE N° 5

Cherchez à illustrer votre parcours professionnel afin de mieux visualiser l'ensemble ! En veillant à « pointer » les moments d'exaltation (de joie) et ceux de pénibilité.

Une fois cet exercice réalisé, vous chercherez à comprendre les raisons principales des moments de succès comme des moments d'insuccès (recoupez cet exercice avec l'exercice n° 3).

Exercice n° 6 : quelles sont les valeurs qui comptent pour vous ?

Ces valeurs représentent pour chacun d'entre nous des éléments déterminants dans nos choix. Elles concernent des sujets importants sans lesquels il n'est pas de projet qui tienne. Ces valeurs constituent des points d'ancrage majeurs de nos actions, quel qu'en soit le domaine ; et on pourrait dire que pour elles, on serait quasiment prêt à se battre !

Elles représentent ce qui peut toucher au *vrai*, au *beau* et au *bien* selon le jugement personnel de chacun. Elles peuvent être plus ou moins en accord avec les valeurs de la société de l'époque dans laquelle on vit.

Voici sept valeurs universelles auxquelles nous adhérons tous avec plus ou moins de vigueur. Nous les avons sélectionnées car elles ont un sens particulier quant à ce qui intervient dans la constitution d'une trajectoire professionnelle.

Vous essayerez de repérer quelles sont celles qui comptent pour vous et avec lesquelles vous vous sentez le plus en harmonie mais aussi quelles sont celles qui vous sont le plus étrangères.

– *La valeur économique* : elle concerne tout ce qui a trait à l'argent, au profit, à ce que les chiffres peuvent représenter, illustrer ; au souci de rentabilité, à l'intérêt pécuniaire que représente chaque chose que l'on fait, chaque action que l'on entreprend, etc.

Qu'est-ce qui compte le plus pour vous ?

– *La valeur esthétique* : il s'agit de tout ce qui a trait à l'univers du beau. L'attachement à cette valeur reflète une sensibilité forte aux effets de l'environnement et bien souvent un goût naturel de transformation de cet environnement, une volonté de création.

– *La valeur hédoniste* : cette valeur illustre un goût prononcé pour la recherche du plaisir personnel, un fort souci de confort et une recherche de satisfaction personnelle, quel que soit le sujet (celui-ci peut être matériel comme intellectuel).

– *La valeur politique* : elle met le goût du pouvoir personnel au centre de tout ; elle inclut le besoin de diriger, d'influencer, de peser sur le cours des choses, de la société, de l'entreprise.

– *La valeur relationnelle* : elle traduit un goût prononcé des autres, du lien que l'on a envie de créer avec eux. Elle laisse supposer le désir de comprendre les autres, un attrait fort pour l'échange, l'empathie.

– *La valeur intellectuelle* : elle traduit un goût fort pour le savoir et les idées. Cette valeur illustre l'intérêt pour les choses abstraites et pour leur maniement par l'analyse, par le raisonnement, pour leur transformation et leur échange.

– *La valeur spirituelle* : elle traduit un intérêt fort pour la recherche du sens des choses, de l'évolution du monde, des hommes, du rapport à Dieu (mais pas forcément). Elle correspond aussi à un goût prononcé pour l'abstraction, à l'idée de chercher à sortir de la simple dimension humaine. Cette valeur exprime le désir de s'élever.

Parmi ces différentes valeurs, vous en sélectionnerez trois ou quatre dans lesquelles vous vous reconnaissez. Puis vous les hiérarchiserez. Enfin vous tenterez d'expliquer en quoi elles sont présentes dans votre fonctionnement, dans vos choix professionnels comme personnels. Soyez factuels : donnez chaque fois un ou plusieurs exemples précis qui caractérisent l'attachement à cette valeur ou dans lesquels cette valeur est intervenue pour orienter votre réflexion, votre action ou votre choix.

Mais ces valeurs ne sont pas les seules : la liberté, l'honnêteté, le travail… en sont d'autres qui comptent tout autant. Vous pouvez donc également réfléchir sur celles que vous considérez comme fondamentales dans votre manière de fonctionner.

MES QUATRE VALEURS PRINCIPALES (HIÉRARCHISEZ-LES)	NATURE DE LEUR IMPORTANCE, EXPLICATIONS ET EXEMPLES (OU PREUVES) DE L'ATTACHEMENT À CETTE VALEUR
1.	
2.	
3.	
4.	

Avec les autres valeurs, vous tenterez d'expliquer les raisons pour lesquelles vous ne les avez pas sélectionnées ou pourquoi vous ne vous reconnaissez pas (ou moins) en elles. Soyez concret, trouvez, là aussi, des exemples vécus dans lesquels elles ont pu intervenir ou pas dans vos choix et racontez de quelle manière vous les avez écartées.

RÉSUMÉ DE L'EXERCICE N° 6

Faites un effort d'introspection sur les raisons qui président aux choix de vos actions. Prenez le temps de la réflexion sur les quelques valeurs auxquelles vous êtes attaché.

Tentez de comprendre comment vous fonctionnez sur ce plan-là.

Exercice n° 7 : quelles sont vos motivations fondamentales personnelles ?

Six motivations fondamentales fondent la plupart de nos choix dans la vie professionnelle comme dans la vie personnelle : la sécurité, la commodité, la sentimentalité, la considération, l'intérêt et l'innovation.

Les commerciaux bien formés le savent. On leur apprend à repérer chez leurs prospects ou leurs clients quelles sont les motivations qui comptent le plus pour eux. Une fois repérées comme étant les plus importantes, il est plus facile à ces commerciaux de construire leurs arguments en s'appuyant sur elles et en amenant progressivement le client ou le prospect vers une décision favorable pour tel produit ou tel service proposé.

En vous inspirant de cet exemple, vous chercherez vous aussi quelles sont les vôtres. Puis, dans vos prochains entretiens, vous chercherez à déceler chez vos interlocuteurs quelles sont les leurs et, parmi elles, quelles sont celles qui sont déterminantes !

Mais prenez d'abord connaissance de ces six motivations principales et de la manière dont on peut les utiliser. Pour ce faire, vous lierez chaque motivation à un exemple d'acte d'achat dans lequel vous pourriez vous retrouver comme acheteur, par exemple. Vous chercherez à comprendre pourquoi, avec cette motivation, vous adhérez à tel schéma d'achat ou au contraire pourquoi elle produit, chez vous, un effet négatif. En agissant ainsi vous pourrez repérer quelles sont vos **trois ou quatre motivations principales** en les hiérarchisant.

Mais rappelons d'abord quelles sont ces six motivations principales :

Quelles sont vos propres motivations ?

– **La sécurité** : il s'agit de ce sentiment bien naturel de se protéger des aléas et de toute forme de risque. Ce qui va donc primer parmi tous les arguments lors d'un achat de produit par exemple, c'est sa fiabilité, sa solidité, la garantie qu'il apporte en cas de pépin, etc.

Avec la sécurité, l'important dans un choix à effectuer est que tout soit bordé !

– **La commodité** : il s'agit d'un besoin de ne pas compliquer les aspects pratiques de tous les jours. Lors d'un achat de produit ou d'une action à entreprendre, on veillera plutôt à privilégier la facilité d'usage du produit, la simplicité de gestion de l'action entreprise. Dans tous les cas, l'absence de complication sera privilégiée. **Avec la commodité, l'important dans un choix à effectuer est que rien ne soit embarrassant !**

– **La sentimentalité** : il s'agit de l'importance que l'on donne aux relations que l'on entretient avec les autres. Dans un acte d'achat, c'est la relation qui va compter avant tout, même si la qualité du produit s'impose sur le reste. **Avec la sentimentalité, l'important dans un choix à effectuer est la recherche d'un contact de sympathie !**

– **La considération** : c'est le sentiment de l'importance de soi aux yeux des autres. Ce qui va compter avant tout dans un acte d'achat, c'est de sentir que la relation personnelle est positive. La vanité peut n'être pas si loin... **Avec la considération, l'important dans un choix à effectuer est le sentiment d'importance que je vais tirer de ma propre personne.**

– **L'intérêt** : il s'agit là de servir son propre intérêt et ceci, quoi qu'il arrive. « Qu'est-ce que ça va me rapporter ? » C'est au sens large du terme qu'il faut entendre la notion d'intérêt (pécuniaire mais pas seulement). **Avec l'intérêt, l'important dans un choix à effectuer est le profit personnel que je vais en tirer.**

– **L'innovation** : le sentiment qui prime dans ce cas est le goût pour la nouveauté, pour la mode et/ou pour ce qui fait preuve de modernité. **Avec l'innovation, l'important dans un choix à effectuer est le plaisir de la distinction et de l'effet d'intérêt suscité chez les autres.** (Par certains côtés, cette motivation se rapproche de la considération et laisse percevoir un certain narcissisme...)

Après avoir pris le temps de la réflexion sur chacune de ces motivations universelles, vous sélectionnerez celles qui vous correspondent le mieux. Puis vous choisirez les quatre principales en les hiérarchisant. Enfin, vous finirez l'exercice en rapprochant vos résultats de l'exercice précédent sur les valeurs. Interrogez-vous sur le choix des valeurs que vous avez effectué et sa cohérence avec vos motivations principales.

Cet exercice sur les motivations est important car elles représentent tant dans la réussite ! On sous-estime généralement leur impact en privilégiant par trop les compétences. Pourtant il est facile de comprendre que l'envie fournit une compensation très forte au manque de compétences. D'ailleurs, si vous avez un choix à effectuer entre deux candidats dont l'un possède les compétences à 70 % mais de la motivation à 150 % et l'autre qui possède des caractéristiques inverses, n'hésitez pas, choisissez le premier !

Dans la réussite, la motivation est un ingrédient de taille : « *Savoir ce que l'on veut, ce que l'on veut vraiment avec ses forces inconscientes, c'est tout le problème. Je dirai même : c'est le seul*[12]. »

Une fois vos motivations fondamentales identifiées, vous vous efforcerez de les rendre concrètes par des exemples tirés de votre expérience, de votre fonction, de votre secteur, etc. Cette deuxième étape va vous permettre de voir plus clair sur ce que vous aimez et sur ce que vous souhaitez faire.

Formalisez votre choix :

MOTIVATIONS CHOISIES	EXEMPLES OU ILLUSTRATIONS PRATIQUES	LIENS AVEC MES VALEURS
Motivation n° 1		
Motivation n° 2		
Motivation n° 3		
Motivation n° 4		

Exercice pratique pour repérer ce que vous aimez et ce qui vous motive : pendant plusieurs jours, notez précisément toutes les

12. Françoise GIROUD, *Leçons particulières*, Fayard, 1990, page 95.

petites tâches de vos journées sur un carnet. Tâches professionnelles aussi bien que domestiques. Au bout de quelques jours, faites le point. Puis évaluez ces tâches (5 = j'aime beaucoup, 3 = j'aime, 1 = je n'aime pas) et classez-les en domaines. Vous allez vite vous apercevoir combien celles que vous aimez ressortent. Interrogez-vous également sur les raisons qui font que celles que vous n'aimez pas ressortent aussi. Ce petit exercice est un excellent moyen de réfléchir sur la manière dont on gère son temps. Il peut déboucher sur une remise en cause de votre fonctionnement en distinguant mieux ce qui relève du plaisir chez vous de ce qui relève de la gêne.

RÉSUMÉ DE L'EXERCICE N° 7

Parmi ces six motivations fondamentales qui toutes existent en chacun de nous (mais plus ou moins...), vous ferez l'effort de repérer en les hiérarchisant les quatre qui vous correspondent le mieux en les illustrant avec des exemples concrets.
Ce moment de votre réflexion est important car, lors de la confection de votre discours ou de tout autre projet nécessitant de parler de soi, il faudra en tenir compte !

<u>Exercice n° 8</u> : quelles sont les situations dans lesquelles vous êtes à l'aise ou non et quels sont les dangers qui vous guettent (à titre professionnel comme à titre personnel) ?

Ce travail d'Hercule est une façon de commencer à mieux percevoir quels sont les traits de votre personnalité et comment ils se manifestent concrètement.

Voici deux outils de reconnaissance de vous-même que je vous suggère d'utiliser. Le premier va chercher à cerner les situations à privilégier et celles qu'il vous faut éviter. Le deuxième va identifier quels sont les dangers qui agissent comme autant de freins à votre développement.

1. Les situations dans lesquelles vous êtes à l'aise ou pas

Formalisez une fois pour toutes cette question ! Avec le recul que vous avez sur votre expérience, retrouvez ces situations qui vous donnent immédiatement le sentiment d'être « en confort » et celles au contraire qui vous mettent naturellement dans l'embarras. Faites en sorte d'en prendre pleinement conscience en les couchant sur le papier.

Pour y parvenir, partez de chacune des étapes de votre carrière et réfléchissez aux tâches ou aux missions qui ont été les vôtres, sur les rôles que vous avez eus et les situations que vous avez rencontrées. Cela peut être :

– dans des circonstances relationnelles,
– en « one to one »,
– en groupe (animation de groupe, communication en public...),
– dans un rôle de responsable, de manager,
– dans un rôle de coordonnateur,
– dans un rôle de rapporteur,
– dans un rôle de collaborateur,
– dans un rôle de chef de projet,
– etc.

Tout est à prendre en compte. Et si vous vous sentez un peu sec, vous pouvez vous aider en vous référant à votre courbe de carrière (exercice n° 5). Vous retrouverez ainsi facilement les moments forts dans lesquels vous avez eu de la joie professionnelle et ceux, au contraire, dans lesquels c'est plutôt l'embarras voire le malheur qui l'emportait.

Parmi toutes ces situations (essayez d'en trouver une bonne dizaine au moins), vous chercherez à isoler les trois situations qui vous stimulent le plus et celles qui vous stimulent le moins.

Faites un effort d'analyse des raisons pour lesquelles ces situations se trouvent être confortables ou inconfortables pour vous. Et, chaque fois, efforcez-vous de donner un exemple.

Cet exercice a pour intérêt principal de vous aider à voir clair sur ce qui peut ou non vous mettre dans les meilleures conditions de réussite. Cela ne veut pas dire que vous ne sauriez pas vous sortir par le haut de situations embarrassantes. Il est en effet bien des cas où l'on sait produire ce qu'il faut d'effort sur tel sujet sur lequel on est naturellement en difficulté. Mais il est important de savoir que tel sujet n'est pas notre « tasse de thé » et qu'en conséquence, si on le peut, il vaut mieux l'éviter !

Je me souviens par exemple d'un manager d'une business-unit dans l'industrie de services qui détestait les chiffres : chaque fois qu'il avait à faire son budget, l'angoisse le prenait et le mettait dans une situation terriblement inconfortable ! Ce n'était pas un problème de compétence mais plutôt de motivation. Sachant cela, il avait trouvé la parade : fournir l'effort de concentration nécessaire pendant le temps qu'il fallait pour parvenir à le réaliser dans les meilleurs délais. Quand le temps du budget arrivait, il s'isolait pendant toute une journée à l'extérieur de son entreprise avec son responsable comptable et ne revenait qu'une fois ce budget bouclé. Un effort de concentration et une bonne organisation lui permettaient ainsi de compenser son absence de motivation sur le sujet.

Et, dans cet exercice, n'oubliez pas de réfléchir aussi à votre vie personnelle dans laquelle vous pouvez aussi puiser.

LES SITUATIONS CONFORTABLES + UN EXEMPLE CONCRET	LES SITUATIONS INCONFORTABLES + UN EXEMPLE CONCRET
Explications sur les trois situations les plus stimulantes : 1– 2– 3–	Explications sur les trois situations les moins stimulantes 1– 2– 3–

2. Les points qui peuvent être pour vous une menace

Il arrive parfois que certaines situations représentent un vrai danger. Quelle qu'en soit la raison (référence à l'histoire personnelle, à l'enfance ou à toute autre expérience, ...), il importe d'en être conscient, de chercher si possible à en comprendre les raisons. Et surtout de comprendre qu'il vaut mieux dans ce cas, être vigilant sur ce sujet.

Faut-il pour autant éviter ces dangers ? Sans doute pour certaines situations qui vous paraîtraient à l'opposé de vos attentes, de vos compétences ou de vos valeurs. Lorsque vous ne pourrez y échapper, il vous faudra vous y préparer et ceci d'autant mieux que la situation représente un vrai danger identifié, une exposition aux autres très lourde à porter, peut-être un risque de fragilisation...

Voici quelques-uns des thèmes sur lesquels il vous faut réfléchir. Accordez à chacun de ces thèmes un temps de réflexion suffisant. Cherchez à raccrocher chaque thème à une situation vécue en vous demandant : « *Est-ce une menace pour moi ?* » ou bien « *Y a-t-il un risque si je me trouve dans une telle situation ?* »

Ces dangers qui vous sont proposés ne sont bien évidemment pas exhaustifs. Ajoutez-y ceux que vous considérez comme les vôtres.

Lorsque l'un d'entre eux vous paraît sensible à titre personnel, agissez en quatre temps :

– identifiez-le avec une croix lorsqu'il s'agit d'une situation sensible mais que vous savez gérer,

– mettez deux croix quand il s'agit d'une situation dans laquelle vous vous sentez en réelle difficulté,

– puis efforcez-vous de formaliser ce danger par l'évocation d'une situation concrète vécue s'y rapportant,

– enfin cherchez à déceler ce qui vous a manqué dans la situation évoquée (situation qui a pu faire de vous une victime mais pas forcément) et ce que vous auriez pu faire (entreprendre une action, par exemple, ou mettre en œuvre un talent, développer une idée...) pour transformer ce danger en occasion de succès.

Voici la liste de quelques-uns de ces dangers :

	1	2	3	4
LES POINTS SENSIBLES	DANGER IDENTIFIÉ MAIS POUVANT ÊTRE GÉRÉ (METTRE UNE CROIX)	DANGER IMPORTANT AVEC UNE POSSIBLE FRAGILISATION (METTRE DEUX CROIX)	RAPPEL D'UNE SITUATION CONCRÈTE ILLUSTRANT CE DANGER	CE QUI A MANQUÉ ET QUI AURAIT PU ATTÉNUER LE DANGER DE CETTE SITUATION (OU CE QUE VOUS AVEZ SU FAIRE POUR ATTÉNUER CE DANGER)
• Être plutôt dans la dévalorisation (vous avez tendance à vous sous-estimer) • Manquer parfois de discernement (quant aux réalités, quant aux hommes…) • Manquer de mémoire • Manquer de « punch » • Parler surtout du passé et moins de l'avenir • Avoir un moral inégal (parfois au plus bas) • Vous sentir rejeté ou inutile (y compris par vos proches)				

• Être complexé (par l'âge, le diplôme, le sexe, le physique, etc.) • L'idée du changement • Être trop décontracté • Être dans le « papillonnage » • Être réticent par rapport aux conseils • Accepter tous les conseils • Être trop « perso » • Fuir les contacts et les relations • Avoir un objectif flou • Être trop intransigeant, voire rigide • Prendre des refus comme des atteintes personnelles • Faire du forcing • Manquer de créativité • Manquer de rigueur • Manquer de réactivité • Manquer d'opportunisme • Se faire trop confiance (ne pas vous préparer par exemple, trop improviser) • Penser que votre réseau professionnel et personnel sait qui vous êtes, ce que vous faites et aimez faire				

	1	2	3	4
LES POINTS SENSIBLES	DANGER IDENTIFIÉ MAIS POUVANT ÊTRE GÉRÉ (METTRE UNE CROIX)	DANGER IMPORTANT AVEC UNE POSSIBLE FRAGILISATION (METTRE DEUX CROIX)	RAPPEL D'UNE SITUATION CONCRÈTE ILLUSTRANT CE DANGER	CE QUI A MANQUÉ ET QUI AURAIT PU ATTÉNUER LE DANGER DE CETTE SITUATION (OU CE QUE VOUS AVEZ SU FAIRE POUR ATTÉNUER CE DANGER)
• Manquer de capacité de persuasion, de conviction • Montrer votre inquiétude, vos angoisses • Avoir des préjugés • Craindre de prendre des risques • Manquer d'enthousiasme • Penser que votre avenir est derrière vous • Penser que votre « look » est forcément bon… • Négliger l'importance d'une bonne appréciation de votre gestuelle • Etc.				

RÉSUMÉ DE L'EXERCICE N° 8

Les situations confortables et inconfortables
Retrouvez ces situations qui, à l'instar d'un poisson remis à l'eau, vous mettent en joie. À l'inverse, sachez pointer celles dont la seule évocation vous rend immédiatement sombre… ! Là aussi, formalisez et précisez !

Les dangers qui vous guettent
Faites cet effort de repérer les situations et les dangers qui vous guettent. Puis tentez de les expliquer en cherchant à les illustrer avec des exemples concrets. Cherchez à comprendre dans le même temps ce qui vous a manqué dans cette situation et/ou ce que vous avez su ou ce que vous auriez pu mettre en œuvre pour en atténuer les effets.

Exercice n° 9 : quel sont les métiers dont vous avez rêvé (et dont vous rêvez peut-être encore) ?

Cette étape est riche d'enseignements sur soi-même. Elle force en effet à l'ouverture du champ des possibles en renvoyant chacun d'entre nous à son imagination, à son monde intérieur et, parfois, à son histoire ancienne.

C'est un moment idéal pour « se lâcher » ! Avec l'idée de faire place à l'expression de rêves qui n'ont pas trouvé à s'accomplir, d'envies qui, par leur caractère extravagant ou antagoniste par rapport à ce que l'on est ou ce que l'on fait, sont rejetées a priori. Ces envies, pour des raisons personnelles quelquefois enfouies dans notre mémoire, sont mises de fait sous le boisseau. Elles restent pourtant l'objet de grandes frustrations dont le poids finit toujours par être bien lourd à porter.

L'objectif de ce neuvième travail d'Hercule n'est évidemment pas de vous inviter à sortir de la réalité où à prêter le flanc aux projets les plus insensés. Il s'agit plutôt d'ouvrir la porte, le temps d'une rêverie, à une réflexion sur les racines de vos propres ressorts.

La démarche de bilan en sera enrichie : c'est une bouffée d'air pur qui vient soit éclairer des choix faits sans conscience véritable de leur logique, soit donner de solides indications sur des évolutions professionnelles possibles.

Commencez dans un premier temps par identifier ces rêves qui ont été ou sont encore les vôtres, quels qu'ils soient.

Puis essayez de les expliquer en cherchant chaque fois à déterminer quelles sont les compétences (ce que vous savez faire) et les motivations (ce que vous aimez faire) qui les portent.

Cherchez à comprendre quels sont les ingrédients de ce bonheur entretenu dans votre imaginaire.

Si vous n'êtes guère inspiré par cet exercice, faites-vous plus réaliste : imaginez que vous rencontrez une fée qui peut vous procurer la fonction idéale, dans le secteur qui vous attire le plus. Que lui demandez-vous ?

Faites trois ou quatre choix, expliquez-les et hiérarchisez-les. Cantonnez vos demandes à des choix réalistes, pas trop éloignés de vos domaine, secteur, environnement, ...

Votre idéal n'est peut-être pas si loin et il est plus accessible que vous ne le croyez.

QUELS SONT VOS MÉTIERS DE RÊVE ?	**IDENTIFIEZ LES <u>COMPÉTENCES</u> QUI SE PROFILENT DERRIÈRE CHAQUE RÊVE ET INDIQUEZ LES <u>MOTIVATIONS</u> QUI VOUS FERAIENT LES CHOISIR. CHERCHEZ À APPROFONDIR.**

Une fois cet exercice achevé, rapprochez les conclusions de celles de l'exercice sur les motivations. Là aussi, cherchez à identifier les corrélations, la cohérence des choix, la logique de ces réflexions.

RÉSUMÉ DE L'EXERCICE N° 9

Faites un détour par votre imaginaire. Ouvrez le champ de votre réflexion à vos rêves les plus secrets, ceux dont la nature vous paraît hors de portée, quelles qu'en soient les raisons. Et même si la démarche vous paraît extravagante, ces rêves sont les vôtres, ils font partie de votre système, de votre histoire !

Que vous le vouliez ou non, ils sont déterminants et, à ce titre, ils participent à l'édifice que vous êtes en train de construire pour parler savamment de vous !

Exercice n° 10 : quelle est votre personnalité ? Qui êtes-vous vraiment ? Et qui êtes-vous aux yeux des autres ? Quelle est votre image dans le milieu professionnel ?

Avoir une idée plus claire de votre personnalité, tel est l'objectif. Il ne s'agit en aucune façon de ne pointer que nos petites faiblesses intimes, pas plus que nos principales forces de caractère. Mais plutôt d'essayer d'identifier clairement ce sur quoi nous pouvons nous appuyer pour bâtir ou au contraire ce sur quoi il nous faut être vigilant, voire ce qu'il nous faut éviter pour forger l'avenir dans les meilleures conditions.

C'est aussi l'occasion de réfléchir sur soi de manière totalement différente en prenant un vrai recul par rapport à soi-même. Il s'agit d'une application concrète de cette tentative d'une perception « décalée » de soi-même dont je vous ai parlé au début de cette première partie. Se voir avec d'autres yeux que les siens et en même temps se voir soi-même pour une fois tel que l'on est vraiment, en cherchant à retrouver une certaine intimité avec soi-même. Puis, dans un deuxième temps, il s'agira de comparer ces deux perceptions.

Avoir en somme l'objectif de se rapprocher de soi en commençant par s'en écarter pour augmenter la qualité de notre perception. C'est un peu ce à quoi je vous invite : chercher à vous voir autrement. Avec la distance qu'apporte la vision des autres restituée à vos propres yeux, enfin lavés de l'habitude de se voir !

Pour cela, je vous propose trois outils : un 360°, une graphologie et un inventaire de personnalité.

Moi et les autres (le 360°)

L'image que nous avons de nous-même, de nos qualités et de nos défauts est-elle conforme à celle que les autres ont de nous ? N'ai-je pas intérêt à inclure leur perception de ce que je suis dans la mienne ?

C'est à cette question que le 360° cherche à répondre. Il est une occasion unique de prendre conscience de ce que les autres, dans l'entreprise (ou dans le privé), pensent de vous lorsque vous êtes « en action » dans votre métier.

Quatre points principaux sont abordés :
- les aptitudes intellectuelles,
- les aptitudes relationnelles,
- la dynamique personnelle,
- les aptitudes managériales.

À propos de chacun de ces points, une série d'items vous est proposée. Pour chacun d'eux, vous aurez à vous prononcer sur le degré de maîtrise que vous en avez : très fort, fort, normal, perfectible, faible.

Le 360° consiste ensuite à proposer à d'autres acteurs dans l'entreprise de s'exprimer sur vous à partir de ces mêmes items : votre boss (N + 1), deux alter ego (N = 0) et deux collaborateurs (N – 1). Ces acteurs sont ceux qui vous entourent dans votre environnement professionnel : c'est la raison pour laquelle on parle de 360°.

Vous pouvez bien sûr augmenter le nombre de personnes interrogées (votre boss et l'ancien, quatre alter ego au lieu de deux, etc.)

Comment les choisir et comment les solliciter ?

– Les choisir : vous devez être sûr de la neutralité de leur jugement. Vous estimez qu'il existe une estime professionnelle réciproque et vous devez intégrer l'idée que cet exercice ne sera pas le prétexte à un règlement de compte.

– Les solliciter : vous devez les aborder de manière claire en leur expliquant que vous êtes en train de réfléchir sur votre évolution professionnelle et que vous avez besoin d'eux pour voir plus clair. Idéalement leurs réponses ne doivent être ni en dessous ni au-dessus de la vérité. Le mieux étant de leur expliquer clairement à quoi sert ce 360° et comment il fonctionne. Dites-leur quel est l'objectif de la manœuvre : pour que le travail que vous faites sur vous soit efficace, vous avez besoin de clarté supplémentaire. Vous cherchez donc à comprendre comment vous êtes perçu par eux. Remerciez-les d'avance de l'aide précieuse qu'ils vous apportent à cette occasion. N'hésitez d'ailleurs pas à les tenir au courant des résultats, ils en seront friands et, de plus, c'est un bon moyen de réactiver, ensuite, votre réseau : ceux qui vous ont apprécié par le passé vont peut-être, à cette occasion, se réintéresser à vous, que vous soyez sur le marché de l'emploi ou que vous ayez quelque chose à vendre !

Demandez-leur de s'exprimer par écrit : à la fin du 360° figurent quelques questions, insistez pour qu'un peu de « chair » soit apportée à l'exercice. Cela ne peut qu'enrichir votre propre perception de votre image professionnelle.

Il vous faut ensuite comparer les résultats. Rapprochez les réponses faites par les acteurs sollicités en commençant par vous-même et tentez d'en comprendre les écarts ou les convergences en les expliquant chaque fois par des exemples concrets.

Et conservez l'idée que cet exercice n'a qu'un but : **vous conforter**. En cernant mieux les domaines dans lesquels vos aptitudes sont évidentes et ceux dans lesquels elles le sont moins. En renforçant la conscience que vous en avez, vous prenez de fait les moyens de mieux gérer les situations dans lesquelles elles vont intervenir (en vous organisant, en anticipant, en vous préparant mieux, etc.).

L'exercice n'est pas simple, ni pour vous ni pour celui qui va se prononcer sur vos aptitudes. Pour vous, parce que ce sera parfois l'occasion de prendre conscience d'un travers qu'il va sans doute falloir corriger. Pour celui qui vous évaluera, parce que dire une vérité est toujours un risque ! Peu de gens en effet sont disposés à entendre ce genre de remarques quelle que soit la bienveillance qui peut les accompagner.

C'est la raison pour laquelle vous serez bien inspiré de choisir ceux avec lesquels il n'y a pas (ou si peu) de relations affectueuses. En effet, lorsque dans une relation l'affectivité prend le dessus, surtout quand il s'agit d'une relation professionnelle, une remarque ou l'observation d'un travers auront du mal à être pris uniquement pour ce qu'ils sont : un fait, rien qu'un fait sur lequel on peut parfaitement agir comme s'il s'agissait simplement de déplacer un meuble…

Voici quels sont les items :

	TRÈS FORT	FORT	NORMAL	PERFECTIBLE	FAIBLE
APTITUDES INTELLECTUELLES					
Appétence pour les chiffres et la technique					
Capacité à conceptualiser					
Créativité/esprit d'innovation					
Esprit d'analyse					

Esprit de synthèse					
Esprit rationnel					
Méthodique					
Raisonnement logique					
Réflexion					
Sens du concret/pragmatisme					
Esprit critique					
Imagination					
Visionnaire					
Vivacité d'esprit					
APTITUDES RELATIONNELLES					
Accepte la critique					
Art de la persuasion					
Diplomatie					
Esprit d'équipe/coopération					
Intuition					
Sens de l'écoute					
Sens de la communication					
Clarté du fond (message clair, structuré, simple, convaincant, etc.)					
Clarté de l'expression (voix, regard, diction)					
Maîtrise de la gestuelle dans l'expression					
Sens de la négociation					
Sens de la pédagogie					

	TRÈS FORT	FORT	NORMAL	PERFECTIBLE	FAIBLE
Sens du service					
Maîtrise de l'émotion					
Sociabilité/capacité relationnelle					
Adaptabilité					
DYNAMIQUE PERSONNELLE					
Ambition					
Autonomie					
Dynamisme					
Efficience					
Énergie					
Initiative					
Optimisme					
Réactivité					
Respect des règles/légaliste					
Ténacité/persévérance					
Volonté					
APTITUDES MANAGÉRIALES					
Affirmation de soi/leadership					
Capacité à arbitrer					
Capacité à motiver					
Esprit de décision					

Maîtrise de soi					
Respect des délais et des coûts					
Sens de l'organisation					
Sens de l'urgence et des priorités					
Sens de la délégation					
Sens de la planification					
Sens de la stratégie					
Sens du risque					
Sens des responsabilités					
Vision anticipatrice					

Autres questions de synthèse à poser aux personnes sollicitées dans ce 360° :

1/ Quelles sont les trois aptitudes majeures que vous reconnaissez à cette personne ?

1 –
2 –
3 –

2/ Quels sont les trois axes sur lesquels cette personne peut, selon vous, s'améliorer ?

1 –
2 –
3 –

Une fois ce 360° achevé, qui n'a, je le rappelle, d'autre but que de vous aider à voir clair dans vos comportements, vous

vous poserez les deux questions suivantes à propos des situations illustrant les points faibles :

Première question : qu'est-ce que j'ai fait et que je n'aurais pas dû faire ?

- …
- …

Deuxième question : qu'est-ce que je n'ai pas fait et que j'aurais dû faire ?

- …
- …

Exemple : dans telle circonstance, j'ai pu manquer de telle qualité (celle-ci n'étant pas ma « tasse de thé »). Mais si j'avais mis un peu plus d'attention et d'ardeur sur ce point précis, sans doute aurais-je évité d'en subir les conséquences quand bien même ce n'est pas mon domaine de prédilection !

Ces deux questions doivent vous aider à « pointer vos vieux démons ». Ceux qui vous ont empêché d'avancer, soit parce que vous n'avez pas osé aller sur ce terrain dont vous pensiez, à raison ou à tort, qu'il n'était pas fait pour vous ; soit parce qu'au contraire, vous avez eu le tort de vous lancer sur un terrain qui n'était, à l'évidence, pas fait pour vous.

À ce stade, vous pouvez vous aider de deux autres outils pour confirmer l'approche de votre personnalité : une **graphologie** et un **inventaire de personnalité**.

De quoi s'agit-il ? La graphologie est un outil d'évaluation de la personnalité qui consiste à écrire quelques pages manuscrites et à les confier à l'œil avisé d'un graphologue. Elle permet ainsi de dégager les éléments déterminants de vos choix et ceux qui viennent en perturber le cours.

Un seul cerveau ou quatre… ?

L'inventaire de personnalité, et notamment celui d'HERRMANN, va vous permettre d'aller davantage dans le détail et vous apporter de la matière pour mieux réfléchir sur vous-même. Il vise à comprendre de la manière la plus neutre possible quelles sont vos **dominantes cérébrales** à partir d'une combinaison des quatre moi :

– un « **moi** » **rationnel** qui quantifie, analyse, utilise la logique et va vers la technique,

– un « **moi** » **prudent** qui organise, met en place des procédures, prévient et sécurise,

– un « **moi** » **ressenti** qui sent les choses, vit dans la relation humaine, l'émotion et dans l'expression des choses,

– un « **moi** » **projectif** qui prend des risques, imagine, fait des projets et déploie des qualités de visionnaire.

Sur la graphologie et l'inventaire de personnalité, reportez-vous aux annexes en fin d'ouvrage qui permettent d'approfondir ces deux sujets.

RÉSUMÉ DE L'EXERCICE N° 10

Ajoutez de la clairvoyance sur vous-même en cernant davantage votre personnalité.
En faisant parler les autres de vos points forts comme de vos points faibles et en allant à la rencontre des remarques de ceux qui vous ont côtoyé professionnellement avec un 360°.
Avec une graphologie puis un inventaire de personnalité HERRMANN, vous serez plus avisé et plus fort !

Exercice n° 11 : quelles sont vos réalisations professionnelles ?

Sachez retrouver les réalisations professionnelles sur lesquelles vous avez travaillé et les succès que vous avez obtenus.

Vos réalisations professionnelles : un passage obligé !

Votre carrière est jalonnée de réalisations professionnelles que vous avez conduites ou auxquelles vous avez participé activement. Elles représentent autant de défis que vous avez su relever, qui se sont transformés en petits ou en grands succès. Ils sont la matière première de votre bagage professionnel et constituent des preuves irréfutables de ce que vous savez faire et/ou de ce que vous aimez faire.

Mais le plus souvent, hélas, le souvenir que l'on en a est flou et, généralement, on en sous-estime l'importance. Dans neuf cas sur dix, le paradoxe est le suivant : les succès que l'on a obtenus ne sont pas logés dans notre cerveau au bon endroit, comme s'ils étaient systématiquement mis dans un coin sombre éloigné de l'état de conscience !

Or ces succès obtenus par le passé sont des moments concrets de votre histoire qui vont fonctionner comme autant d'arguments pour parler efficacement de vous et de vos mérites. Par les résultats qu'ils ont produits, ces succès vont parler avec force de vos talents, de vos savoir-faire, de vos compétences et de vos goûts. Bien utilisées, ces réalisations qui sont autant d'aventures auxquelles vous avez participé, vont vous apporter des preuves convaincantes que personne ne pourra mettre en doute.

Afin de les formaliser, agissez en deux temps.

1. Commencez par en faire la liste

Retrouvez-les en partant des principales étapes de votre vie professionnelle ; puis posez-vous chaque fois les questions suivantes :

– à cette étape ou à ce poste, de quelles missions avais-je la charge ?

– quelles sont les actions que j'ai menées et/ou auxquelles j'ai été personnellement mêlé et dont je suis le plus fier ?

– qu'est-ce que j'ai aimé faire le plus ?

– qu'est-ce que j'aimerais revivre comme expérience ? Ou mieux encore, quelle est celle que je saurais parfaitement reproduire ?

– quels sont les défis qui m'ont le plus excité et dont j'aime me souvenir ?

– etc.

Pour les retrouver vous pouvez aussi partir de votre courbe de carrière (celle qui est la plus précise). En fixant votre attention sur les pics, vous allez retrouver quelques-unes de vos réalisations.

Idéalement, les réalisations choisies sont celles que vous aurez à cœur de raconter. Elles contiennent en effet les deux ingrédients indispensables de la réussite : des compétences avec lesquelles vous vous sentez en harmonie et une motivation forte qui a porté votre action avec enthousiasme.

Pour votre liste, trouvez-en entre 8 au minimum et 12 au maximum. Elles peuvent évoquer un défi d'envergure que vous avez su relever et qui suppose de fortes compétences techniques ou comportementales. Mais elles peuvent aussi être des réalisations plus modestes qui n'en révèlent pas moins de grandes qualités humaines et des compétences techniques multiples dont la combinaison a fait le succès.

2. Racontez-les comme on raconte une histoire

Faites cet exercice en une page maximum mais en une page au moins en vous attachant à respecter cinq temps. Voici comment :

> Commencez par formaliser de manière synthétique l'OBJECTIF POURSUIVI en évoquant à quel type de PROBLÉMATIQUE il correspondait.

L'OBJECTIF POURSUIVI : il doit permettre de deviner à quel résultat final on est parvenu. N'oublions pas que sa clarté est le garant d'une bonne compréhension pour les futurs interlocuteurs.

Exemples :

« Faire évoluer le système d'information de l'entreprise X. »

« Changer le système de classement des dossiers. »

LA PROBLÉMATIQUE : puis ajoutez-y une note de problématique, c'est-à-dire cette petite touche qui résume le contexte, montre les risques que l'on prend si rien n'est fait ; elle peut évoquer parfois la beauté de l'enjeu. La problématique, c'est ce qui va donner un peu de chair à votre réalisation !

Exemples avec la problématique :

« Faire évoluer le système d'information de l'entreprise X afin de contrer la menace d'être rapidement dépassé par nos concurrents. »

« Changer le système de classement des dossiers afin de coller à la réorganisation géographique du réseau de distribution. »

Comme dans *Le Petit Chaperon rouge*… !

Cet élément de problématique est nécessaire dans l'histoire que vous allez raconter. C'est le sel de cette histoire ! Cette problématique est un peu ce que représente la présence du loup dans l'histoire du Petit Chaperon rouge. En effet, au début, l'histoire de cette petite fille qui doit apporter des victuailles à sa grand-mère est, somme toute, assez banale. Mais vient heureusement le moment stratégique et poignant où est annoncée la présence du loup dans la forêt : c'est ça, la problématique ! Lorsqu'elle est annoncée, les oreilles de nos petits auditeurs se redressent, leurs yeux s'allument, leur attention est au plus haut…, c'est parti, vous pouvez raconter votre aventure, vous êtes sûr d'être vraiment écouté !

Avec vos interlocuteurs, faites de même ! Trouvez donc, pour raconter vos réalisations, cet élément, cette circonstance qui va intriguer, voire inquiéter pour mieux faire comprendre quel est l'enjeu ! La problématique doit frapper l'esprit de votre interlocuteur, le mettre en appétit et en conditions pour que son écoute soit au plus haut.

Écrivez ensuite ce que vous avez fait concrètement pour parvenir à relever ce défi.

Trouvez les actions concrètes (quatre-cinq au maximum) que vous avez menées pour arriver au résultat et exprimez-les dans les termes suivants : « *J'ai fait telle ou telle chose.* »

Exemple d'une action menée :
« *J'ai réuni mon équipe de direction pour exposer le projet, recueillir leurs remarques et obtenir leur adhésion sur la stratégie à mettre en place.* »

Autre exemple :
« *J'ai fait une liste précise des 600 documents à reclasser puis j'en ai quantifié le nombre par région.* »

Soyez dans un premier temps exhaustif dans la narration des actions que vous avez menées. Essayez de les retrouver toutes. Puis regroupez-les pour **n'en retenir que quatre ou cinq**, c'est-à-dire celles qui vous apparaissent comme les plus importantes. Puis hiérarchisez-les par ordre d'importance en mettant en premier la plus importante. Faites un effort de concision : trop d'actions risquent d'endormir votre interlocuteur.

Parlez des résultats auxquels vous êtes parvenu.

Ceux-ci doivent être concrets et vous devez vous efforcer si possible de les mesurer. Ce qui peut paraître difficile dans certaines fonctions dans lesquelles le chiffrage de telle ou telle activité ne va pas de soi. Il est en effet plus facile à un commercial de dire que le nombre de ses clients nouveaux est passé de 15 à 20 ou que son CA s'est accru de 10 %. À l'inverse, un comptable ou une assistante aura sensiblement plus de mal à chiffrer les effets de ses actions.

Dans ce cas, on peut par exemple chiffrer son action en gain de temps, en nombre d'opérations économisées ou augmentées. On peut, par exemple, traduire ces actions de type administratif en effets « sonnants et trébuchants » dans leurs conséquences sur les autres services de l'entreprise.

Exemples de résultats atteints :

« *En quatre mois, toute l'étude avait été faite, le fournisseur trouvé, un plan d'appropriation par toute l'entreprise mis en place et deux mois plus tard, le nouveau système fonctionnait.* »

« *En 15 jours le système de classement était régionalisé avec un accès facilité permettant de répondre plus vite aux clients. De plus il me faisait gagner au moins une heure par jour.* »

Écrivez en trois phrases un résumé de chacune de vos réalisations.

Ce que vous avez su raconter en une page avec force détails, sachez en faire une présentation concise. Imaginez la même aventure racontée en trois phrases courtes ! Avec les mêmes étapes : l'objectif et la problématique, les actions menées puis les résultats atteints.

Un résumé pour quoi faire… ?

Ce résumé va vous être utile pour la raison suivante : c'est d'abord ce résumé que vous utiliserez dès lors que dans votre présentation vous serez questionné sur tel ou tel point de votre parcours sur lequel votre interlocuteur souhaitera avoir plus d'informations.

Vous vous souvenez que vos réalisations interviennent comme autant de preuves de ce que vous avancez de vos talents. Pourtant, à la première question intéressée de votre interlocuteur sur ce sujet, ce qui vous est demandé, ce n'est pas toute votre réalisation. Mais plutôt quelque chose de court et de succinct à propos de cette réalisation, c'est-à-dire son résumé !

Ce n'est que dans un deuxième temps, après d'autres questions de votre interlocuteur appelant des précisions sur cette réalisation, qu'il vous faudra lui « servir » la version longue.

Dans tous les échanges que vous aurez, le schéma type, c'est d'abord une présentation courte de soi (nous verrons tous ces points en deuxième partie) puis la « livraison » d'un résumé de l'une des réalisations attendue par votre interlocuteur et sur laquelle son intérêt s'est porté, enfin la « livraison » de l'intégrale de cette réalisation dès lors que vous sentez qu'il salive à l'idée d'en savoir davantage.

Identifiez les facteurs essentiels qui ont produit le succès.

Vous allez réfléchir maintenant aux différents facteurs qui ont produit le succès de cette réalisation : il s'agit de repérer les deux ou trois **compétences** (les savoir-faire et les savoir-être) majeures qui ont facilité l'atteinte de l'objectif poursuivi. Mais il faut aussi repérer les **motivations** personnelles (plaisir prononcé pour tel ou tel type d'activité, action...) qui ont concouru à faciliter le succès.

Sachez identifier les ingrédients de la mayonnaise de vos succès !

Voici plusieurs exemples de réalisations.

Exemple n° 1 : la réalisation d'une assistante de direction qui voulait innover dans le reporting des résultats mensuels

A. Quelle était la problématique et quel était l'objectif poursuivi ?

Comment faire en sorte que le reporting trimestriel soit envoyé au siège au Japon dans les temps, alors que les données commerciales et financières devant y être intégrées ne sont disponibles qu'en dernière minute ?

B. Qu'ai-je fait ?

J'ai déterminé ce qui dans ce rapport pouvait être préparé à l'avance afin que le jour prévu de l'envoi, il ne me reste plus qu'à travailler sur les données transmises au dernier moment.

J'ai conçu deux tableaux Excel destinés aux responsables commerciaux pour qu'ils me transmettent leurs commandes perdues le mois précédent et leurs commandes prévisionnelles pour le trimestre à venir.

J'ai élaboré un message email type à leur attention que j'ai systématiquement envoyé 10 jours avant la date de remise du rapport au Japon, en indiquant une date butoir pour la réponse (J-5).

J'ai ré-acheminé cet email aux « retardataires » à J-6 afin d'avoir tous les éléments à J-5 pour procéder à la compilation des données.

À J-8, j'ai consulté Internet et les revues économiques pour obtenir les derniers indicateurs économiques de la France. Au même moment, j'ai également demandé au responsable communication de me donner toutes les informations en sa possession permettant d'éclairer la perception du siège au Japon sur ce qui se passait en France.

À J-1, toutes ces données étaient compilées, mises en forme et intégrées dans mon rapport.

Le jour de l'envoi du rapport, il ne me restait donc plus qu'à travailler sur les données commerciales (prises de commandes, CA, marges...) et financières (résultats, d'exploitation, engagements...).

C. Quels résultats ai-je obtenus ?

En 6 mois :

– plus aucun retard dans l'envoi du rapport trimestriel au Japon n'a été observé,

– le rapport a été envoyé sans précipitation, donc sans erreurs dans les données transmises,

– un meilleur confort de travail pour toutes les personnes intervenant dans la réalisation de ce rapport a été apporté.

D. Quel résumé puis-je en faire ?

Comment envoyer le rapport trimestriel au Japon dans les temps, alors que les données commerciales et financières devant y être intégrées ne sont disponibles que le dernier jour ?

Après avoir déterminé les tâches que je pouvais préparer à l'avance, j'ai conçu divers outils de reporting destinés aux responsables commerciaux, j'ai demandé à l'avance les données déjà disponibles auprès du responsable communication et recherché sur des supports variés les indicateurs économiques de la France.

En 6 mois, plus aucun retard dans l'envoi du rapport au siège n'a été constaté, plus d'erreurs et un meilleur confort de travail pour les intervenants a été obtenu.

E. Quels sont les facteurs qui ont produit le succès ?

– sens de l'organisation,
– rigueur/méthode,
– création/créativité,
– capacité d'analyse,
– travail en équipe,
– efforts/chiffres,
– respect des délais.

Exemple n° 2 : la réalisation d'une assistante qui voulait rationaliser l'opération « carte de vœux » de la société X

A. Quelle était la problématique et quel était l'objectif poursuivi ?

Il s'agissait de rationaliser l'envoi de la carte de vœux en :
– créant une seule carte pour l'ensemble des sites de la filiale X,
– véhiculant une image forte de X,
– faisant en sorte qu'elle ne soit plus envoyée en retard.

B. Qu'ai-je fait ?

Fin septembre 200. j'ai proposé à ma hiérarchie de faire appel à des agences de création pour développer une carte personnalisée, commune aux différents sites de X.

Nous avons défini ensemble les thèmes du prochain millésime (entreprise dynamique et high-tech, s'inscrivant dans une expérience de 50 années de X).

J'ai soumis ces idées directrices à trois agences qui m'ont remis leur copie.

Notre choix s'est porté sur celle qui, par son projet, renvoyait le mieux l'image que nous voulions pour X : un visuel d'enfant avec un regard tourné vers l'avenir, en arrière-plan et en filigrane des représentations stylisées ou non de nos dernières avancées technologiques et une formule : 50 ans d'excellence dans le secteur…

J'ai diffusé ce projet à l'ensemble du personnel afin de recueillir leur avis et leurs commentaires.

C. Quels résultats ai-je obtenus ?

Les cartes de vœux ont été livrées dans tous les sites dès le tout début décembre, ce qui a permis un envoi à nos clients et aux autres filiales avant la fin de l'année. Une réduction de 5 % du budget. Et nous avons eu les félicitations des autres filiales du groupe quant à la qualité et à l'originalité de notre carte et au message qu'elle diffusait. Nos commerciaux ont eu du plaisir à l'envoyer (moins anonyme que les années précédentes).

D. Quel résumé puis-je en faire ?

Il fallait rationaliser l'envoi de la carte de vœux du groupe X pour ne véhiculer qu'une seule image avec plus de cohérence.

En collaboration avec une agence de communication, ma direction et les collaborateurs, nous avons développé une carte « corporate » que nous avons soumise à l'ensemble du personnel avant validation définitive.

Pour la première fois, le groupe X a envoyé à ses 5 000 clients une même carte de vœux et sans retard. Avec un coût réduit de 5 % . Cette opération est désormais renouvelée tous les ans.

E. Quels sont les facteurs qui ont produit le succès ?

– capacité d'analyse,
– rigueur/méthode,
– créativité,
– respect des délais,
– optimisation des coûts.

Exemple n° 3 : la réalisation d'une assistante à qui sa direction a confié la mission spéciale de contribuer à souder les équipes

A. Quelle était la problématique et quel était l'objectif poursuivi ?

Les différents services de notre société ne collaborant plus assez entre eux, ma direction et moi-même avons organisé un événement fédérateur en dehors du contexte professionnel afin de renforcer les liens entre les employés et entre les équipes et ainsi améliorer la qualité générale de leur travail.

B. Qu'ai-je fait ?

Nous avons ensemble défini un thème pour cet événement (week-end de ski) puis retenu une date et une station susceptible de nous accueillir.

J'ai organisé avec une agence de voyage un acheminement de tout le personnel.

J'ai démarché les hôtels et retenu celui offrant le meilleur rapport qualité/prix.

J'ai organisé les activités sportives communes à tous : une randonnée raquettes et une descente aux flambeaux.

J'ai organisé les soirées.

Lors de la réunion commerciale annuelle j'ai présenté le projet en recueillant leurs commentaires.

J'ai organisé l'information et la communication (programme, diaporama en Power Point).

C. Quels résultats ai-je obtenus ?

Un succès total du week-end qui se renouvelle maintenant tous les ans.

Des liens nouveaux se sont créés.

Dès le retour, une dynamique nouvelle s'est instaurée avec amélioration de la qualité du travail produit de l'avis unanime de la direction générale.

D. Quel résumé puis-je en faire ?

Afin d'améliorer un climat social ressenti comme lourd, nous avons avec ma direction imaginé un événement fédérateur en dehors du contexte professionnel : un week-end de ski.

J'ai tout préparé : la logistique, le scénario, la communication en étroite relation avec ma direction générale.

Succès total avec, à la clé, une dynamique nouvelle dans la société. Tous les ans ce week-end est renouvelé.

E. Quels sont les facteurs qui ont produit le succès ?

– sens de l'organisation,
– respect des coûts,
– sens de la communication,
– sens du service,
– travail en équipe,
– souci du bien-être de mes collègues.

Exemple n° 4 : la réalisation d'un ingénieur qui doit agir dans l'urgence…

A. Quelle était la problématique et quel était l'objectif poursuivi ?

En raison d'un accord national conclu avec la branche relatif à la mise en place d'une procédure dédiée à la sécurité du travailleur isolé, j'ai mis en œuvre l'application de cet accord syndical dans l'entreprise X en un temps record.

B. Qu'ai-je fait ?

J'ai présenté au comité d'exploitation du réseau France plusieurs scénarios de développement d'outils avec les contraintes techniques, financières, d'utilisation et en tenant compte de la fiabilité du dispositif proposé.

J'ai développé des outils de procédure relatifs au scénario validé par le comité d'exploitation avec fonction de bip d'alerte sur le portable du technicien, avec alerte vers le centre d'appel 24 heures sur 24, avec alerte vers des permanents de sécurité pour une recherche physique sur site.

J'ai participé au tournage d'un film vidéo destiné à la communication lors des déploiements des outils dans les agences.

J'ai formé les futurs formateurs relais dans les agences.

C. Quels résultats ai-je obtenus ?

J'ai présenté le dispositif au CE et obtenu son aval.

En moins de six mois, le dispositif fonctionnait de manière pleinement harmonieuse avec l'accord national signé avec les partenaires.

La satisfaction des techniciens a été mesurée par enquête au bout de quelques mois d'exploitation et s'est révélée totale.

D. Quel résumé puis-je en faire ?

Face à la nécessité de suivre la réglementation sur la sécurité des agents isolés, j'ai mis en place en moins de trois mois un dispositif très sûr et accepté par tous.

E. Quels sont les facteurs qui ont produit le succès ?

– capacités de communication et de conviction,
– capacité de création d'un outil technique adapté,
– créativité,
– capacité de formation (rédaction des formations effectuées).

Exemple n° 5 : la réalisation d'un trader qui veut dynamiser une activité tombée en décrépitude…

A. Quelle était la problématique et quel était l'objectif poursuivi ?

Face à une baisse sensible d'activité du desk des produits structurés, j'ai mené une réflexion qui a permis de relancer l'activité avec grand profit.

B. Qu'ai-je fait ?

J'ai identifié les besoins particuliers de nos « Sales structurés » en termes de types de produit et en termes de manières de traiter leurs clients.

J'ai déterminé les produits que nous pouvions traiter en fonction des outils dont nous disposions. Avec possibilité de les « pricer » très précisément et possibilité de les saisir et de les gérer dans nos systèmes.

J'ai aussi déterminé la meilleure procédure à suivre pour chaque produit (avec la diminution de temps de « pricing », la minimisation du risque d'erreurs et l'adéquation avec la façon de travailler des clients).

J'ai mis en place le catalogue exhaustif des produits structurés traités par mon desk, la diffusion et la formation sur les procédures et fichiers Excel de « pricing » et la communication au niveau des équipes de vente et de back-office.

C. Quels résultats ai-je obtenus ?

En trois mois, nous avions développé et « industrialisé » l'offre de produits structurés au grand bénéfice de nos clients de telle manière que le « business » fait avec eux a évolué de plus de 40 % dans les mois qui ont suivi.

D. Quel résumé puis-je en faire ?

Dans le but de mieux servir nos clients, j'ai participé à la réorganisation de l'activité « produits structurés » de mon desk. De nouveaux produits, une amélioration de l'existant, des procédures nouvelles et plus fiables ont été mises en place qui ont permis de relancer l'activité en faisant évoluer le « business » de plus de 40 % .

E. Quels sont les facteurs qui ont produit le succès ?

– capacité d'analyse de l'existant,
– force de proposition,
– créativité,
– conviction et communication.

Le cas particulier de l'échec : sachez aussi parler d'un échec en le transformant en un « actif » dont vous allez pouvoir parler.

Soyez à l'aise avec l'idée de l'échec !

En effet, parler de soi suppose aussi savoir parler de ses échecs. Si nous savons faire du vélo, c'est parce que nous avons su tirer profit des enseignements des nombreuses chutes que nous avons connues. Question : à l'instar de l'exemple du vélo, la maturité professionnelle peut-elle venir d'ailleurs que de nos échecs et des leçons que nous avons su en tirer ?

Comme pour le modèle des réalisations, je vous invite à évoquer un échec dont vous avez gardé le souvenir et dont vous avez le sentiment d'avoir tiré profit.

Construisez-le sur le même modèle qu'une réalisation avec les trois parties : objectif et problématique, actions menées puis résultats obtenus (même s'ils sont négatifs).

Puis cherchez à comprendre ce qui a manqué dans les ingrédients pour que la mayonnaise prenne ! Quelle compétence ou quelle motivation n'a pas été au rendez-vous ? Ou bien quels sont les éléments extérieurs qui ont contribué à cet échec ?

Puis cherchez à montrer quels enseignements vous avez su en tirer : une leçon de méthode que vous avez reçue, un exemple dont vous vous êtes inspiré par la suite, une faute que vous ne commettriez plus, etc.

Faites aussi un résumé de cet épisode. Comme pour les réalisations, il vous sera utile de savoir parler avec concision de cet échec lorsque ceci vous sera demandé.

RÉSUMÉ DE L'EXERCICE N° 11

Formalisez les 8 à 12 réalisations professionnelles que vous auriez à cœur de raconter. Ce sont celles dont vous êtes le plus fier, celles qui vous ont donné le plus de bonheur professionnel.
Elles vont vous servir comme autant de preuves irréfutables de ce que vous savez faire !
Pensez aussi à un échec !

Exercice n° 12 : quel est l'état de vos compétences dans le cadre de votre métier actuel ?

Quel que soit votre métier, vous possédez un bagage de compétences que vous utilisez dans la vie professionnelle (et peut-être aussi parfois dans la vie personnelle).

Ces compétences sont de deux ordres : des **compétences techniques** et des **compétences comportementales et relationnelles**.

Le domaine des compétences techniques

Celles-ci peuvent être :

– soit transverses, ce qui veut dire qu'on va les retrouver dans nombre de métiers (exemple : savoir utiliser un traitement de texte),

– soit spécifiques à telle ou telle activité ou secteur et n'être pas transférables à d'autres métiers (savoir utiliser un four à pain si l'on est boulanger, par exemple).

Le domaine des compétences comportementales et relationnelles

Ce sont celles dans lesquelles on retrouve toute une série de savoir-faire ayant davantage trait à la façon d'être, d'agir avec les autres, de se comporter (le savoir-faire relationnel, commercial, la capacité à communiquer, à se comporter dans une équipe, à diriger les hommes, etc.).

Le problème des deux domaines de compétences mêlés

Chacun de ces domaines de compétences doit être identifié avec précision mais il ne peut, bien évidemment, être pensé sans l'autre. C'est là toute la difficulté de l'exercice.

L'alchimie des compétences !

Que serait en effet un individu doté de fortes compétences techniques et en même temps totalement dépourvu de toute compétence comportementale et relationnelle ? Très vite cet individu se trouverait isolé « dans sa bulle technique », et donc incapable de la moindre communication, du moindre partage avec les autres sur son propre registre technique. Ses compétences techniques, du coup, s'assécheraient faute d'avoir été enrichies par les contacts et par une confrontation naturelle avec la réalité. L'isolement auquel il parviendrait tuerait en quelque sorte sa capacité technique !

De la même façon, la seule excellence dans le domaine comportemental et relationnel ne peut suffire. Que serait en effet le meilleur des commerçants ou le meilleur communicant sans une once de technique sur laquelle s'appuyer ? Vidé de toute substance technique, son message, du coup sans aucune aspérité, perdrait tout intérêt pour quiconque en aurait quelque peu.

On le voit bien, l'un ou l'autre des domaines de compétences ne peut exister longtemps sans l'autre. Ils agissent en effet de manière réciproque. Qui plus est : l'un se nourrit de l'autre et lui permet ainsi d'atteindre l'excellence. Si je suis chercheur, le risque est grand de rester tout seul dans ma bulle avec mes idées géniales ! À l'inverse, côtoyer d'autres chercheurs, non seulement me fera sortir de ma bulle et fera connaître mes performances mais cela me donnera en plus des occasions nouvelles d'enrichir mes idées.

À l'inverse, si je suis commercial, le risque est grand de me couper systématiquement des techniques de mon entreprise. Et faire l'effort de développer une approche curieuse des techniques de mon entreprise, chercher à en comprendre l'utilité et le fonctionnement, me donnera des idées de contacts nouveaux et des occasions d'enrichir mon offre afin de conquérir de nouveaux clients !

Dans l'un ou l'autre cas, il faut comprendre d'une part, que la performance se trouve dans le **bon mélange des genres de compétences** et d'autre part, que **l'équilibre est meilleur que le déséquilibre**. En tenant compte bien sûr des caractéristiques de chaque métier et de ses compétences propres : il faut qu'un ingénieur possède une dominante technique comme un commercial devra posséder une dominante relationnelle !

C'est en cela que la notion de compétence prend tout son intérêt : plus qu'un savoir abstrait et figé, elle doit être conçue comme étant en relation avec d'autres compétences, parfois d'un autre ordre (techniques ou comportementales) et aussi avec un milieu donné (contexte de l'entreprise), en situation, c'est-à-dire **en mouvement**.

Comme dans la mayonnaise, ce ne sont pas seulement les ingrédients et leur bonne mesure qui fait le succès, c'est le bon mouvement de l'instrument qui les mélange !

Et vous, où en êtes-vous de vos compétences dans votre métier ?

Dans mon métier, quelles sont les compétences dont j'ai besoin ?

Toute l'idée consiste à percevoir au mieux ce dont on dispose et d'en tirer les conséquences. Cherchez à les identifier en vous posant dans un premier temps la question suivante : de quoi dois-je disposer en termes de compétences pour être bon dans mon métier ? Côté technique comme côté comportemental et relationnel ?

En d'autres termes, qu'est-ce qui dans mon métier et dans ma fonction produit le succès ?

Exemple de l'analyse d'un métier :

Afin de vous aider à mener vous-même votre propre réflexion sur l'état de vos compétences, je vous propose de prendre comme exemple le métier d'**assistante de direction** et de le décrire en termes de compétences. Inspirez-vous de cet exemple pour analyser vous-même l'état de vos compétences dans votre métier.

Mais pourquoi ce choix du métier d'assistante de direction ? Parce que c'est le métier dans l'entreprise qui est, sinon le plus connu, du moins le plus côtoyé. Il est en effet au carrefour de toutes ses unités. Où que l'on se trouve, on n'est pas si loin de cette assistante de direction. Or, le caractère universel de cette fonction fait qu'on en a une perception assez juste même si celle-ci n'est pas forcément très précise.

Je vous propose donc de faire l'examen de l'état de ses compétences en trois temps : **repérer d'abord ses compétences**, ensuite **positionner l'état de ses compétences** par rapport aux autres (c'est-à-dire la somme de ce dont elle dispose en termes de compétences par rapport aux autres assistantes dans l'entreprise et/ou hors de l'entreprise) et enfin déterminer quel est l'effort à produire pour les améliorer.

L'assistante doit pouvoir faire elle-même cet exercice en trois temps, comme je vous invite à le faire pour vous-même.

1. Repérer les compétences :

Côté technique, quelles sont les compétences dont cette assistante de direction a besoin ?

– maîtriser la bureautique (traitement de texte, faire des tableaux et utiliser Power Point),
– savoir gérer des agendas,
– parler l'anglais,
– organiser des réunions, des déjeuners,
– rédiger correctement et sans fautes d'orthographe,
...

Côté comportemental et relationnel, quelles sont les compétences dont elle a besoin ?

– avoir du sens relationnel,
– disposer d'une bonne écoute,
– avoir l'esprit de synthèse,
– être capable de bien utiliser le téléphone,
– avoir une bonne communication orale,
...

2. Positionner l'état de ses compétences

Cette assistante peut parfaitement, une fois ses compétences identifiées, chercher à positionner l'état de ses compétences par rapport à un idéal (voir le schéma n° 1) : il va lui falloir **situer la somme des différentes compétences dont elle dispose**.

Pour votre propre évaluation, inspirez-vous de ce plan sur lequel est représenté de manière arbitraire l'état des compétences de cette assistante de direction.

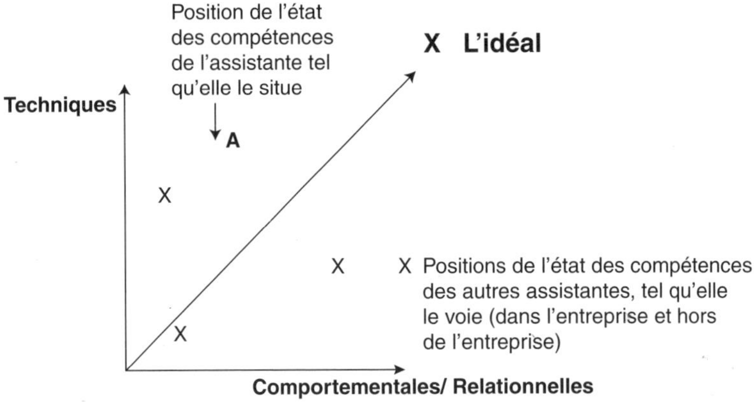

En ordonnée sur ce plan figure le niveau de l'état des compétences techniques (leur somme) ; en abscisse, figure le niveau de l'état des compétences relationnelles et comportementales (leur somme).

Un point **idéal** est posé au bout de la tangente qui correspond à la somme des compétences dont il faudrait disposer pour atteindre la perfection (leur somme idéale) !

D'abord s'auto-évaluer

Afin de déterminer le bon positionnement de l'état de ses compétences (et tenter d'atténuer le caractère arbitraire du choix effectué), cette assistante cherchera d'abord à situer sa position in abstracto (en faisant confiance à ce qu'elle pense de ce sujet). Puis dans un deuxième temps elle fera le même exercice mais par rapport aux personnes qu'elle connaît et qui font le même métier qu'elle dans son entreprise. Cette comparaison la conduira sans doute à déplacer quelque peu ce positionnement. Enfin elle procédera à la même comparaison mais avec les autres assistantes se trouvant hors de l'entreprise dans le même secteur d'abord puis dans des secteurs connexes, plus éloignés ensuite. Ainsi avec une comparaison cette fois avec le marché, plus objective et plus complète, elle affinera la perception qu'elle avait du positionnement de l'état de ses compétences au démarrage de cet exercice.

3. Déterminer en conséquence quels sont les axes de progrès

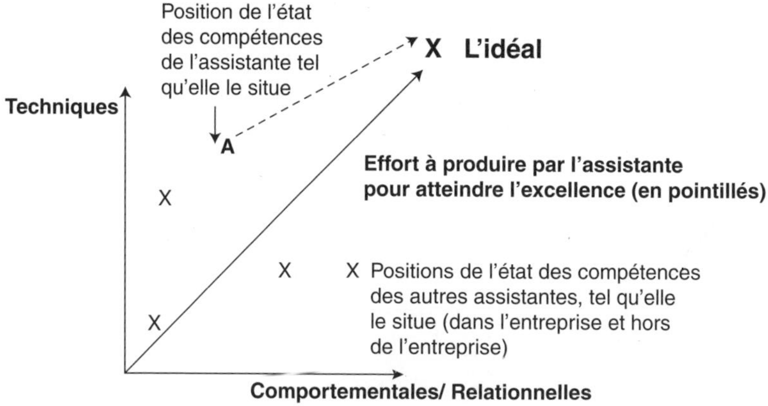

Ensuite, comprendre le chemin qui reste à parcourir

Si son positionnement figure plutôt dans la partie supérieure à la tangente, comme c'est le cas, il lui faudra en tirer les conséquences : sans doute des efforts sont-ils à produire dans ces domaines relationnels et comportementaux. Si son positionnement est à l'inverse en dessous de la tangente, ce sont peut-être des efforts de type technique qu'il lui faudra produire pour être plus performante.

Cependant il faudra tenir compte de l'équilibre propre de ce métier dans lequel le relationnel est une dominante.

Faites ce travail en trois temps comme l'assistante de direction.

Et, une fois cet exercice terminé, vous pourrez le relier au 360° (exercice n° 10, page 74) et en rapprocher les conclusions, notamment sur la partie comportementale et relationnelle. Vous pourrez aussi le relier à l'exercice n° 11 sur les réalisations et les ingrédients de la réussite (page 81).

RÉSUMÉ DE L'EXERCICE N° 12

Cherchez à mieux percevoir quel est l'état de vos compétences par rapport aux autres et par rapport au marché. Commencez par identifier vos compétences puis positionnez le bagage de compétences dont vous disposez.
Enfin déterminez quels sont les axes de progrès.

CHAPITRE 5

Le travail de synthèse pour préparer l'avenir

Vous venez de fournir un gigantesque travail sur vous. Grâce à quoi vous avez maintenant suffisamment de matière pour pouvoir façonner ce projet de discours sur vous dont vous aurez besoin pour promouvoir votre carrière, pour retrouver une activité, pour développer votre business…

Vous avez en effet passé en revue bien des choses et, sur tous ces sujets, vos idées sont plus précises, vous disposez maintenant de davantage de clarté sur :

– votre parcours dont vous avez retracé toutes les étapes,

– votre formation initiale mais aussi celles dont vous avez profité tout au long de votre parcours,

– vos valeurs dont celles qui comptent le plus pour vous,

– vos passions et les rêves qui vous animent,

– vos comportements en ayant identifié ceux qui vous servent et ceux qui vous desservent,

– les dangers ou vos « vieux démons »,

– vos compétences et vos motivations,

– vos expertises,

– vos expériences dont celles qui vous ont marqué, enrichi,

– vos forces et vos faiblesses.

De ce travail de mémoire doit maintenant ressortir l'essentiel de l'essentiel :

– quelles sont les deux ou trois **compétences majeures** sur lesquelles vous allez pouvoir appuyer votre argumentation ?

– quelles sont les deux ou trois **motivations majeures** qui fondent votre goût de l'action et sur lesquelles vous pouvez miser pour étayer votre discours ?

Car, sur ces **compétences et motivations majeures**, tout le reste est agrégé, tout doit se retrouver (vos expertises, vos talents majeurs, vos expériences, vos vraies capacités).

Mais alors comment faire ressortir cette « substantifique moelle » dont vous avez besoin pour construire un discours fort ?

En vous reportant systématiquement à vos expériences, celles qui contiennent les actions que vous avez menées et dans lesquelles compétences et motivations ont été si intimement mêlées qu'elles ont produit le succès !

C'est en partant de ces réalisations que vous devez faire ce travail de synthèse que je vous propose de réaliser en trois temps.

– **Identifiez vos registres de performance** : vous allez prendre ici un peu de hauteur par rapport à ce que nous avons fait jusqu'à présent qui a consisté à mettre sur la table les réalités de votre vie professionnelle et à en faire émerger tout ce qu'il y a de plus concret. Cette réflexion sur vos registres de performance va vous permettre de mieux comprendre quelles sont les grandes catégories fonctionnelles auxquelles on a affaire dans le monde du travail et quelles sont celles qui sont les vôtres.

– **Traduisez vos trois registres de performance majeurs en forces opérationnelles** : vous allez ici, après avoir cerné ces registres de performance les plus forts chez vous, les reformuler de la manière la plus concrète pour être bien reçu par les professionnels que vous allez rencontrer.

– **Formulez votre projet** à partir de ces registres et de ces forces pour parler de l'avenir en commençant par faire votre autoportrait : vous allez ici bâtir votre projet, à partir du passé sur lequel vous venez de travailler et en pensant résolument au marché et à ses attentes, c'est-à-dire à l'avenir.

Identifiez vos registres de performance

Au fond, qui êtes-vous professionnellement ? Dans quels **registres de performance** vous situez-vous ?

Un mot sur la notion de performance et de registre de performance : la **performance**, c'est le résultat produit par l'addition (ou le mélange) de votre bagage (ou état) de compétences (ce que vous savez faire) et de celui de vos motivations (ce que vous aimez faire). En somme, c'est ce que produisent ces « ingrédients » pour obtenir des succès professionnels. Mais ces « ingrédients » sont ceux de votre fonction, de votre secteur ou domaine d'activité. Vous avez donc intérêt, pour en parler à d'autres personnes qui ne sont pas dans le même secteur ou domaine, à utiliser un langage universel, compréhensible par tous. C'est pourquoi vous devez connaître vos **registres de performance**.

Et, avant de vous lancer dans la construction de quelque projet que ce soit, sachez prendre le recul nécessaire. Cette réflexion sur vos registres de performance va vous y aider.

Vous allez repérer si les atouts dont vous disposez pour produire de la performance sont, d'une part, cohérents avec ce qui est exigé par le projet et, d'autre part, cohérents avec ce qui est demandé par le marché.

Vous procéderez en trois étapes :

1. Comprendre les 15 registres de performance

Prenez avant tout connaissance des 15 registres de performance standards que l'on trouve dans l'entreprise. Ils illustrent vos talents, vos savoir-faire et vos capacités à faire, à réaliser…

et correspondent à des **éléments stratégiques** dans la réussite professionnelle.

À ces 15 qualificatifs universels, aucune fonction dans l'entreprise ne peut échapper (voir le tableau en page suivante).

Chaque registre de performance regroupe un certain nombre de verbes d'action illustrant ses caractéristiques principales (sans toutefois être exhaustif dans la liste de ces actions).

Vous noterez que certains registres peuvent contenir une ou plusieurs caractéristiques (ou actions) communes. Nous ne sommes pas en effet dans un domaine chiffré dans lequel 1 + 1 = 2... Nous sommes plutôt dans un domaine dans lequel il convient d'être très nuancé et le plus précis possible de façon à mieux circonscrire les réalités.

Les 15 registres de performance

Pénétrez-vous de ces registres de performance.

ADMINISTRER	CONSEILLER	DÉCIDER	FORMER	ORGANISER
Classer	Aider	Adopter	Animer	Agencer
Comptabiliser	Clarifier	Apprécier	Apprendre	Aménager
Enregistrer	Comprendre	Arrêter	Conduire	Anticiper
Établir	Diagnostiquer	Choisir	Démontrer	Arranger
Gérer	Éclairer	Conclure	Développer	Classer
Inventorier	Écouter	Décréter	Donner envie	Coordonner
Pondérer	Encourager	Déterminer	Éduquer	Disposer
Ranger	Guider	Éliminer	Enseigner	Distribuer
Recenser	Inciter	Estimer	Entraîner	Établir
Régir	Influencer	Fixer	Éveiller	Grouper
Répertorier	Influer	Juger	Faire s'approprier	Planifier
...	Orienter	Opter	Imager	Préparer
	Persuader	Prononcer	Instruire	Prévoir
	Préconiser	Qualifier	Montrer	Programmer
	Proposer	Régler	Sensibiliser	Ranger
	Recommander	Résoudre	Synthétiser	Répartir
	Susciter	Statuer	Transformer	Structurer
	...	Trancher	Transmettre	Unifier
		...	...	...

CHERCHER	CONTRÔLER	DÉVELOPPER	GÉRER	PRODUIRE
Analyser Calculer Compulser Consulter Découvrir Enquêter Étudier Examiner Expérimenter Explorer Observer Prospecter Rechercher S'informer Sonder …	Apprécier Enquêter Éprouver Évaluer Examiner Expérimenter Expertiser Inspecter Maîtriser Mesurer Prouver Réviser Superviser Surveiller Tester Valider Vérifier …	Accroître Améliorer Augmenter Commercialiser Conquérir Déclencher Élargir Étendre Implanter Innover Lancer Progresser Promouvoir Vendre …	Acquérir Amortir Assainir Budgéter Comptabiliser Consolider Économiser Enrichir Équilibrer Exploiter Gagner Investir Optimiser Pondérer Rentabiliser …	Accomplir Agir Appliquer Effectuer Exécuter Fabriquer Faire Opérer Réaliser (+ autres activités à caractère répétitif à base d'une technicité) …

COMMUNIQUER	CRÉER	MANAGER	NÉGOCIER	COLLABORER
Dialoguer Dire Discuter Échanger Écouter Exprimer Informer Interviewer Négocier Notifier Partager Publier Raconter Rédiger Relater Renseigner Transmettre …	Adapter Améliorer Concevoir Construire Croiser les données Découvrir Diagnostiquer Élaborer Fonder Imaginer Innover Inventer Observer Renouveler Transformer Trouver …	Animer Apprécier Commander Conduire Confier Définir Déléguer Diriger Évaluer Gouverner Guider Impulser Inspirer Instituer Piloter Présider …	Acheter Arbitrer Argumenter Conclure Consulter Convaincre Démontrer Discuter Évaluer Influencer Observer Persuader Placer Proposer Résoudre Sélectionner Synthétiser Vendre …	Aider Animer Concourir à Contribuer à Coopérer Échanger Instruire Mettre en commun Partager Participer Renseigner Transmettre …

2. Se situer parmi ces 15 registres de performance

Procédez à un premier tri en **vous situant a priori** parmi ces 15 registres : cocher les trois ou quatre registres qui vous paraissent le mieux vous convenir. Le plus simple est de procéder par élimination puis par sélection des registres qui vous paraissent les plus confortables.

Cette phase est destinée à vérifier, après coup, si votre choix a priori était le bon.

3. Lire vos réalisations à la lumière des registres de performance

Puis reprenez les 8-12 réalisations professionnelles que vous avez formalisées (voir l'exercice n° 11, page 81). Examinez-les à la loupe des « ingrédients » de la performance qui vous sont proposés en utilisant le tableau qui suit et en procédant ainsi :

– retrouvez les compétences et les motivations que vous avez utilisées dans chacune de vos réalisations,

– puis traduisez-les dans le langage de ces registres de performance en cochant d'un trait **(/)** le registre de performance correspondant à telle <u>compétence</u> intervenue dans la réalisation puis faites de même avec telle <u>motivation</u> intervenue elle aussi,

– sélectionnez les trois <u>compétences</u> et <u>motivations</u> dominantes dans cette réalisation en transformant le trait mis précédemment en croix **(×)**,

– sélectionnez enfin la <u>compétence</u> et la <u>motivation</u> la plus importante en transformant la croix en astérisque **(*)**,

– valorisez vos choix (voir comment après l'exemple donné plus loin).

Puis procédez ainsi pour toutes les réalisations.

<u>Exemple</u> : voici ce que l'on pourrait dire à propos d'une réalisation :

– Étape n° 1 : Quand j'ai participé à la réorganisation du service commercial, j'ai fait intervenir mes <u>compétences</u> d'organisateur, j'ai

également managé, contrôlé, produit et conseillé. Sur le plan des motivations, l'organisation a compté mais aussi la communication, la création et la formation.

– Étape n° 2 : Conséquence : je vais cocher d'un trait **(/)** *la case compétence (C) liée au registre de performance « organiser », « manager », « contrôler » et « conseiller ». Concernant les motivations (M), je vais cocher la case correspondant au registre de performance « organiser », « communiquer » et « former » ;*

– Étape n° 3 : À la réflexion, les trois registres qui ont dominé dans cette réalisation sont :

- *concernant les compétences : « organiser », « manager » et « contrôler »,*
- *concernant les motivations : « organiser », « conseiller » et « manager ».*

Les traits (/) seront transformés en croix (x) ;

– Étape n° 4 : Sélectionnez le registre de performance qui vous paraît le plus important des trois (côté compétences comme côté motivations).

Les croix (x) seront transformées en astérisques (*) ;

– Étape n° 5 : Faites le même exercice pour toutes les réalisations.

– Étape n° 6 : Valorisez le tout.

Un trait (/) à 1 point, la croix (x) à 5 points et l'astérisque (*) à 10 points.

Utilisez le tableau qui suit pour faire ce travail

Outil permettant de reconnaître votre façon de produire de la performance

Les 15 registres de performance	Les ingrédients de la performance (compétence et motivation)	Réalisations										Totaux
		1	2	3	4	5	6	7	8	9	10	
Administrer	C											
	M											
Conseiller	C											
	M											
Décider	C											
	M											
Former	C											
	M											
Organiser	C											
	M											
Chercher	C											
	M											
Contrôler	C											
	M											
Développer	C											
	M											
Gérer	C											
	M											
Produire	C											
	M											
Communi-quer	C											
	M											
Créer	C											
	M											
Manager	C											
	M											
Négocier	C											
	M											
Collaborer	C											
	M											

Vous sélectionnerez les six meilleurs scores en termes de compétences et les six meilleurs scores en termes de motivations.

Exemple :
– « créer », « manager », « communiquer » ressortent comme mes **registres de performance** côté compétences,
– « développer », « créer », « collaborer » ressortent comme mes **registres de performance** côté motivations.

Les trois registres de performance majeurs qui l'emportent sont ceux qui correspondent le mieux au bagage professionnel sur lequel vous pouvez bâtir un projet.

MES REGISTRES DE PERFORMANCE CÔTÉ COMPÉTENCES	MES REGISTRES DE PERFORMANCE CÔTÉ MOTIVATIONS	MES TROIS REGISTRES DE PERFORMANCE MAJEURS
1	1	1
2	2	2
3	3	3
4	4	
5	5	
6	6	

Traduisez vos trois registres de performance majeurs en forces opérationnelles

Ces trois dominantes majeures représentent **vos forces principales**. Elles sont celles sur lesquelles vous pouvez sans souci bâtir vos projets et l'argumentation qui va avec.

Avant d'entreprendre toute argumentation, retraduisez ces forces en termes de compétences et de savoir-faire opérationnels (en réactivant par exemple les éléments concrets de vos réalisations).

C'est une façon de verrouiller la démarche et de mieux convaincre en revenant aux aspects concrets illustrant vos forces. C'est ce qui vous sera demandé : des exemples concrets !

Autrement dit :

– Étape n° 1 : « Quand j'ai raconté mes réalisations, j'ai évoqué à plusieurs reprises des exemples de ma capacité et mon goût à ***organiser.*** *»*

– Étape n° 2 : « Avec l'exercice du registre des performances, j'ai confirmé mon goût et ma propension à organiser. Elle constitue bien pour moi ***une force****. »*

– Étape n° 3 : « Je vais donc maintenant retraduire cette force par des exemples de ***savoir-faire très opérationnels*** *afin d'être vraiment convaincant. »*

Ainsi je saurai parler de mes registres de performance quand il le faudra, non de manière conceptuelle mais au contraire de manière très pragmatique.

Pour chacun des trois registres de performance majeurs, essayez de mettre en face trois exemples de savoir-faire opérationnels qui illustrent ces registres.

MES TROIS REGISTRES DE PERFORMANCE MAJEURS	MES TROIS ILLUSTRATIONS CONCRÈTES DE CHACUN DE CES REGISTRES DE PERFORMANCE MAJEURS
1 –	1 2 3
2 –	1 2 3
3 –	1 2 3

Formulez votre projet en esquissant un premier autoportrait afin de parler d'avenir

1. L'autoportrait

Vous vous efforcerez, en prenant un peu de distance par rapport à ce qui précède, d'écrire un autoportrait en vous mettant dans la peau de quelqu'un qui serait amené à parler de vous.

C'est votre premier exercice de synthèse qui va vous aider à entrer dans la troisième partie. Faites-en une page maximum et tentez de dire ce qui vous paraît essentiel. Cet exercice auquel je vous convie, vous en avez été souvent le témoin, parfois la victime : un patron, un proche, quelqu'un qui vous connaissait (du moins le croyiez-vous !) a pris l'initiative de parler de vous à un autre qui passait par là… en votre présence ! Et là, patatras ! Je suis sûr que chaque fois, au terme de cette présentation, vous avez été déçu. Quand bien même cette présentation a été élogieuse, dans le meilleur des cas, vous vous êtes dit : « *Il a oublié de dire telle chose* », ou bien « *ce qu'il a dit n'était pas le plus important* », ou encore « *Tel aspect est passé à la trappe* »… Quand, dans le pire des cas, ce n'était pas : « *Ce qu'il a dit de moi est totalement à côté de la plaque… !* »

Or, concernant cet autoportrait auquel je vous invite à travailler, c'est vous qui avez la main. Vous allez donc chercher à produire ce que vous auriez envie d'entendre sur vous ! De la manière non la plus élogieuse mais la plus objective possible après ce travail sérieux effectué dans cette deuxième partie.

Soyez juste avec vous-même, cherchez à être complet et efforcez-vous d'être concis. N'excédez pas une page.

Et, si vous vous sentez en difficulté, c'est que vous manquez encore d'un peu de distance avec vous-même. Commencez donc par faire l'exercice à propos de quelqu'un d'autre. Par exemple que diriez-vous en quelques mots sur telle ou telle personne que vous connaissez bien sur le plan professionnel ?

Comment la qualifieriez-vous ? Que diriez-vous pour en vanter les mérites et les atouts ?

Écrivez quelques lignes sur ce sujet. Entraînez-vous !

2. Comment faire la transition entre le passé et l'avenir pour formuler son projet professionnel ?

Dans cette synthèse, c'est bien du passé dont il s'agit. Mais votre objectif est de créer un discours qui doit résolument viser le futur.

En vous racontant, vous devez en effet donner à votre interlocuteur des pistes qui suggèrent l'avenir.

Pour ce faire, inspirez-vous de ce que vous avez écrit concernant vos **savoir-faire opérationnels** et faites un effort particulier de mémorisation des meilleurs moments de **bonheurs professionnels** que vous avez vécus.

Sachez parler de futur et d'avenir ! C'est ce qui va intéresser le plus ! Et c'est cela seul qui pourra mobiliser les autres sur votre cas !

C'est à partir de ce travail de synthèse que vous allez pouvoir formuler votre projet.

Il est l'aboutissement de ce qui correspond le mieux à ce que vous avez à offrir, à **votre valeur ajoutée**, à **votre caractère distinctif**.

Pour qu'il soit bien calé par rapport au marché, il doit bien évidemment en tenir compte ! Un projet doit « parler » à votre interlocuteur, c'est-à-dire évoquer une opportunité économique par exemple. Qu'il s'agisse en effet d'un poste, de la création d'une entreprise ou d'un autre projet de développement commercial, le projet doit être ressenti par votre interlocuteur comme porteur de sens : c'est une idée **réaliste** (elle est adaptée à vos contraintes et aux opportunités du marché) ; elle est **faisable** (elle est atteignable par les moyens dont vous disposez) ; elle est

intelligible par tous ; elle est en **parfaite harmonie** avec vos compétences maîtresses et vos motivations les plus fortes.

Ce projet professionnel doit comporter en outre un aspect **opérationnel** de manière claire et précise avec :
- un but,
- une stratégie et une méthode,
- des objectifs et des moyens.

Vous devez faire corps avec votre projet. Vous devez donner le sentiment qu'il est parfaitement harmonieux avec ce que vous représentez en termes d'expérience et de capacités à réaliser.

Enfin, ce projet doit faire saliver celui qui l'entend !

Si vous vous sentez en difficulté concernant cet exercice, ne soyez pas inquiet : dans la troisième partie, nous allons beaucoup retravailler ce point.

3. Dernier conseil

Ce travail de formalisation auquel vous êtes maintenant rompu, apprenez à le remettre en marche dans l'avenir chaque fois qu'il sera opportun de le faire. Quand vous passerez à une nouvelle étape de votre carrière, quand vous achèverez un travail particulier dans lequel vous avez le sentiment d'avoir acquis une nouvelle expérience, quand les circonstances viendront enrichir vos talents… mettez-vous à formaliser ! Vous le savez maintenant : c'est la mémoire qui le plus souvent fait défaut et il faut, pour la réactiver, des trésors d'énergie ! Apprenez donc à formaliser systématiquement.

Autrefois on écrivait son journal, ce qui rendait bien des services quand il s'agissait de s'y retrouver entre les différentes couches de sédiments apportées par les années. On peut, sur le plan professionnel, s'inspirer sans honte d'une si bonne pratique !

CHAPITRE 6

Comment être un bon communicant ?

Parler de soi est un exercice de communication comme les autres. Ce qui veut dire que vous allez rencontrer les mêmes pièges que dans tout autre exercice de communication, devant une assemblée, un groupe, un client, etc.

Or ces pièges sont si nombreux que s'il fallait les examiner tous avant de commencer à communiquer, on n'oserait jamais ouvrir la bouche… !

C'est la raison pour laquelle je vous invite à revoir ensemble rapidement quelques principes de communication qui vous aideront dans la préparation de votre discours et dans la mise en forme de votre communication.

Je vous propose de vous rappeler quelques **règles de principe en communication**. Vous pourrez les utiliser votre vie durant, chaque fois qu'il vous sera demandé de vous exprimer sur vous comme sur n'importe quel autre sujet. Vous pouvez vous en servir comme des « antisèches » qui faciliteront la préparation de vos propres discours. Mon objectif : vous donner mes « trucs » pour vous recentrer sur l'essentiel !

Ensuite, je vous proposerai une série de « **questions essentielles** » qui vont vous permettre de finaliser votre discours en en contrôlant tous les aspects. Il s'agit d'un moyen simple mais très efficace de vérifier, une fois écrit, qu'il « tient la route ». Mon objectif : vous permettre de verrouiller vos discours !

Quelques principes de base

– Il n'y a jamais identité entre ce qui m'intéresse et ce qui va intéresser mes interlocuteurs. **Conséquence : rester vigilant surtout lorsqu'on sent que l'on est en harmonie avec son interlocuteur et que le courant passe !**

– Une opinion personnelle n'intéressera personne. **Conséquence : ne fonder son discours et ses arguments que sur des faits incontestables.**

– Personne ne peut être intéressé par ce qu'il sait déjà. **Conséquence : ne jamais utiliser une donnée banale (une statistique, un fait reconnu...) pour asseoir son discours notamment au début de l'entretien !**

– Les gens ne s'intéressent qu'à eux-mêmes. **Conséquence : dès que vous le pourrez, écoutez-les, sachez leur donner du temps pour qu'ils s'expriment, parlez-leur d'eux !**

Concernant les autres points à connaître en termes de communication, nous les aborderons au fur et à mesure des explications qui vous seront données dans cette deuxième partie.

Quelques principes pour bien construire son discours

Avant de vous lancer, réfléchissez aux quatre questions suivantes en vous demandant chaque fois si vous êtes bien au clair avec elles[13] :

Question n° 1 : Quel est mon objectif ?

Que vous soyez dans le cadre d'une relation commerciale ou dans celui d'une relation de réseau, il vous faut trouver les moyens de rassurer votre interlocuteur. C'est le but principal !

13. Ces conseils valent pour tous les types de communication : avant de réfléchir à ce que vous allez dire, cherchez à répondre à ces questions !

Rien ne peut se faire si vous ne savez pas créer un climat de confiance et les conditions d'une adhésion sans faille de votre interlocuteur à ce que vous êtes en train de raconter.

Mais votre **objectif** est autre : faire une vente, obtenir une recommandation, se faire embaucher, séduire, être consulté sur une prochaine affaire, avoir un rendez-vous... ? À vous de le déterminer.

Et selon les circonstances et selon vos raisons de rencontrer cet interlocuteur, cet objectif sera différent. Vous devez donc le préciser. Par exemple :

- faire adhérer quelqu'un à une idée,
- obtenir la signature d'un mandat,
- vendre quelque chose à quelqu'un,
- obtenir une recommandation lors d'un entretien,
- obtenir un service, un conseil,
- obtenir une carte de visite, les coordonnées de quelqu'un... etc.

Et, une fois établi, cet objectif doit être poursuivi sans faille, sans écart. Comme une trame, il doit sous-tendre tout l'entretien.

Vous ne devez jamais oublier que le but de la manœuvre est bien d'atteindre cet objectif en vendant ou en obtenant quelque chose, là où, si vous n'aviez pas fait cet effort de parler de vous, rien ne serait jamais arrivé.

Question n° 2 : À qui vais-je m'adresser et quelles sont les attentes de mon interlocuteur ?

« L'art de persuader consiste autant en celui d'agréer qu'en celui de convaincre, tant les hommes se gouvernent plus par caprice que par raison. »

Blaise PASCAL, *De l'art de persuader*, éditions Mille et une nuits, 1728, page 12.

Avant de s'adresser à notre interlocuteur, il est important de savoir qui il est vraiment. Il faudra donc se poser des questions, avant même de le rencontrer, sur ce que l'on sait de lui au plan personnel comme au plan professionnel.

Des questions sur lui notamment : quel est son parcours (fonctions occupées, positionnement dans l'entreprise, domaine et secteur de l'entreprise, préoccupations et hobbies personnels…) ? Quel est son profil (est-il du type ingénieur, financier, commercial…) ? Quelles sont ses préoccupations ? etc. On pourra bien évidemment utiliser les dominantes cérébrales du test de personnalité HERRMANN (voir annexe 2).

Quand ceci sera possible (ça ne l'est pas toujours), il faudra se faire aider dans cette recherche de renseignements par ceux qui le côtoient, ceux qui vous l'ont recommandé par exemple.

Il ne faudra pas oublier non plus de chercher des renseignements sur Internet (les sites comme Google, Yahoo…, et ceux plus orientés sur le « réseautage » comme Viadeo). Vous pouvez çà et là capter quelques informations sur ce que votre futur interlocuteur a pu faire, produire, écrire… Éléments qui, croisés, peuvent vous faire comprendre quelles sont ses attentes, ses ressorts avant de le rencontrer.

Or, avant cela, posons-nous une autre question : quel est le moment où l'on est soi-même le plus attentif ? Qu'est-ce qui fait que, dans certains cas, nous avons l'impression que nous ne sommes pas obligés de produire un si gros effort d'écoute pour être attentifs ?

Voici quelques réponses :

– quand on écoute une musique que l'on aime,

– quand on regarde un film fascinant parce qu'il nous touche au plus profond de nous-même,

– quand on écoute quelqu'un raconter une histoire avec passion et chaleur, avec des personnages auxquels on peut s'identifier,

– quand on suit la description de quelque chose qui est au centre de nos intérêts et dont l'explication apporte une si bonne compréhension que cela produit chez nous un véritable effet de valorisation personnelle !

– etc.

Dans ces circonstances, si ce qui est dit fixe notre attention sans effort, c'est parce que cela nous plaît, parce qu'il s'agit de sujets proches de nos préoccupations, de nos attentes ou de nos désirs. **Le premier levier d'une attention soutenue est donc de satisfaire l'autre !**

C'est pourquoi parler de soi est un exercice qui relève du grand art. Car il s'agit de parler à quelqu'un dont on sait à l'avance qu'il ne vous écoutera qu'à la seule condition que cela l'intéresse et le concerne directement ! Un peu comme si parler de soi consistait non seulement à parler de ses propres intérêts mais surtout à parler ce ceux des autres avant toute chose… !

C'est dire s'il va vous falloir prendre en compte les réalités de vos interlocuteurs en chaussant leurs lunettes et non en gardant les vôtres !

Si vous ne savez pas au préalable comment est votre interlocuteur, comment votre discours pourrait-il être parfaitement adapté ? Ne risquez-vous pas en effet d'être décalé par rapport à ses attentes ? Si votre discours s'adresse à l'ingénieur que vous croyez qu'il est et non au créatif qui sommeille en lui, que risque-t-il d'arriver ? Il y a fort à parier que vous lui servirez un discours qui, n'étant pas attendu, ne sera pas entendu. Et de cette manière, vous avez peu de chance d'intéresser et encore moins de convaincre !

Mais pour comprendre l'importance d'une telle idée, essayons de faire le même raisonnement à propos de nous-même. Quand nous faisons l'effort de nous ouvrir aux autres, d'écouter leurs histoires, lorsque nous souhaitons aller vers eux, nous développons davantage d'attention pour comprendre le mieux du monde ce qu'ils vont dire. Et nous ouvrons nos oreilles, nos yeux, toute notre intelligence et notre sensibilité en les tendant vers eux comme s'il s'agissait de les leur offrir.

Or, si nous faisons cet effort, c'est certes parce que nous voulons satisfaire l'intérêt de cet interlocuteur qui va s'adresser à nous, mais c'est aussi parce que nous y voyons notre propre intérêt. Conjonction d'intérêts ? C'est en effet ce qu'il nous faut trouver : un thème, un sujet qui va nous servir en même temps qu'il va intéresser notre interlocuteur.

Question n° 3 : Qu'est-ce que j'ai à dire d'intéressant à ceux à qui je m'adresse ?

> La question essentielle est : qu'est-ce que vous allez pouvoir dire pour faire agir votre interlocuteur en votre faveur ?

Sachant tout ce qui précède, et notamment la faible capacité d'écoute de notre interlocuteur et le peu de temps qu'il a à nous consacrer, nous prenons à chaque entretien un risque majeur : celui de nous perdre dans les détails, de nous laisser aller à des considérations secondaires, à des diversions et ainsi perdre le fil de notre objectif. Nous avons donc tout intérêt à nous préparer solidement pour satisfaire pleinement ses attentes.

Nous devrons donc sélectionner les thèmes auxquels nous pensons qu'il sera sensible en partant des informations que nous aurons collectées à la première question « À qui je m'adresse ? ».

Concrètement, voici les trois thèmes sur lesquels vous allez devoir apporter des précisions. Ils constituent l'essentiel de ce qui peut le rassurer sur votre offre :

– montrer que vous disposez de **compétences**,

– faire sentir que vos **motivations** sont fortes,

– apporter des éléments rassurants sur votre **personnalité**, c'est-à-dire montrer que vous disposez de qualités intéressantes : un équilibre personnel fait de constance, d'écoute, de sérieux, de capacité à bien dialoguer pour mieux comprendre, de dynamisme et d'allant, d'ouverture aux nouveautés, aux changements, de fidélité… !

Mais chaque fois, ce que vous devrez produire, ce sont des éléments concrets, des « histoires » convaincantes, des succès obtenus : pensez donc à vos réalisations professionnelles !

Faites en sorte qu'elles recoupent quelque point des propres marques de votre interlocuteur, de ses propres repères… Si tel n'est pas le cas, il risque fort de se sentir perdu, de ne pas se retrouver dans vos raisonnements.

Mettez-le dans une position de confort intellectuel ; celle apportée par une bonne **compréhension** du sujet abordé. Mettez-vous dans le pli de ses attentes en intégrant ses propres préoccupations, sa façon de voir et d'appréhender les réalités.

Se faire comprendre est le principal. Comment imaginer en effet qu'une personne qui ne comprend pas ce que vous dites puisse un tant soit peu vous aider ?

Aussi, lorsque vous parlerez de vous, soyez vigilant et cherchez à vérifier tout au long de votre discours si votre interlocuteur se sent en position confortable par rapport à votre discours en vous posant constamment la question : est-il en train de comprendre ? En effet, de la qualité de **votre écoute** tout au long de cet exercice dépend l'impact que vous aurez sur lui.

Cherchez aussi à repérer les points d'incompréhension, c'est-à-dire les moments où vous sentez que votre interlocuteur perd pied par rapport à votre discours. Choisissez de suivre sa pensée plutôt que la vôtre ! Et gare à vous si l'inverse se produit !

En lui parlant de « vos histoires », **vous entrez dans son monde.** C'est pourquoi, pour parvenir à cet objectif, il faut à la fois faire ce travail de fond et de synthèse sur soi afin d'adapter l'offre à la demande chaque fois que ceci sera possible !

Enfin, notre histoire est bien trop riche pour être résumée sans risque d'oublis, d'erreurs, de confusion en tout genre dont le principal effet sera de brouiller le message et de produire un résultat inverse à celui que nous recherchons.

Nous ne sommes pas dans un exercice de simple séduction. Ce serait le cas, un petit tour de charme pourrait suffire. On pourrait l'improviser (c'est d'ailleurs ce que l'on fait tous les jours dans les plus simples échange relationnels).

On le voit bien, **séduire** n'est pas forcément **convaincre** ! On peut être sous le charme d'une intervention sans pour autant avoir envie d'acheter, de recommander, de donner, de s'investir... Seule la conviction du sérieux, du rationnel, du professionnalisme est susceptible de donner cette envie.

Question n° 4 : Quels sont les bons outils à utiliser pour maintenir l'attention de mon interlocuteur ?

Afin de mettre toutes les chances de votre côté, déployez tous les moyens pour être suivi avec la plus forte attention tout au long de votre discours. Il en existe de nombreux qu'on a tort de ne pas utiliser plus souvent, mais qu'il ne faut pas utiliser en même temps, bien sûr. En voici quelques-uns parmi lesquels vous pourrez choisir :

– **Faire comprendre** : nous l'avons vu, si vous arrivez à élever le niveau de celui auquel vous vous adressez en lui faisant comprendre quelque chose que vous maîtrisez mieux que lui et dont vous aurez vérifié que cela correspond à son attente, vous êtes sur la bonne piste. Mais attention, vous éviterez de l'emmener entre Sirius et Uranus... Sinon, votre interlocuteur sera figé dans la difficulté et le risque pour vous peut être grand. Expliquer, oui ; compliquer, non. Et pour ce faire, il vous faudra veiller à respecter quelques étapes : mettre en avant l'essentiel et renoncer à vouloir tout dire, faire le choix d'être simple et clair, utiliser des images appropriées, s'adresser aux deux hémisphères principaux ou aux quatre quadrants du cerveau (voir l'inventaire HERRMANN en annexe 2), susciter le questionnement dont vous allez avoir besoin pour aller plus loin dans l'explication. Quelques-uns de ces aspects sont développés plus loin.

– **Distraire** : racontez une histoire (la vôtre ou une anecdote s'y rapportant et seulement dans la mesure où cela est possible) avec l'idée de donner envie à votre interlocuteur de la raconter lui-même à son conjoint ou à un collègue. Du genre : « *J'ai rencontré quelqu'un de surprenant à qui est arrivé ceci...* »

Aucune circonstance n'est plus favorable pour qu'il se souvienne de vous !

Si l'on veut obtenir de nos interlocuteurs un effet maximum d'attention, sachons déployer un peu du talent d'un conteur, de l'art du musicien, du metteur en scène ou bien du conférencier génial qui sait atteindre son public en plein cœur ! Avec des événements et des personnages simples, on peut « scotcher » n'importe quel public à condition de savoir raconter !

Dans nos discours, nous devons satisfaire le besoin naturel d'aventure de nos interlocuteurs. Jean GIONO, qui savait raconter des histoires, dit qu'il est allé deux fois en prison et explique que chaque fois, en moins de trois mois, il en devenait le patron. Pourquoi ? « … parce que je leur racontais des histoires[14]. »

« LES INGRÉDIENTS D'UNE BONNE HISTOIRE »

Ceux qui vous écoutent attendent de vous un peu de ces histoires qui ont nourri notre imaginaire depuis toujours : histoires, contes et autres récits oraux qui savent susciter l'attention des plus petits comme des plus grands, voire l'enchantement et ce, de manière universelle. C'est que ceux-ci comportent les bons ingrédients : une composition type dont la structure traditionnelle nous rassure parce qu'elle nous est familière et des éléments clés qui entrent directement dans le champ de nos attentes.

Ces récits comportent généralement trois temps.

– Un temps d'ouverture au cours duquel on trouve pêle-mêle une description du décor, du contexte, des circonstances et autres événements qui vont amener progressivement un ou plusieurs personnages à entrer en scène.

14. Madeleine CHAPSAL, *Envoyez la petite musique*, Le Livre de Poche, collection Biblio, 1984, page 195.

– Un temps consacré à l'action dans lequel les événements, les relations entre les personnages vont se tendre pour les faire agir. Conflits, tensions, difficultés et quiproquos… vont meubler l'histoire et la mettre en scène. Et selon le caractère dramatique ou pas de l'histoire, il y aura la présence de contraintes, de ruptures nécessaires, de points de non-retour qui entraîneront les personnages sur des voies différentes, étranges ou banales mais suscitant toujours chez l'auditeur de l'étonnement, de la surprise ou tout autre sentiment (joie, crainte, …) ayant pour vertu de le « scotcher » au narrateur !
– Un temps d'aboutissement de ces aventures. Qu'il s'agisse d'une comédie ou d'un drame, l'auditeur attend des résultats, parfois heureux (« *Ils se marièrent et eurent beaucoup d'enfants.* »), parfois malheureux (« *À l'aube, elle s'éteignit pour toujours.* »)
Et, plus qu'on ne l'imagine, c'est l'enchaînement logique et harmonieux des événements ainsi que la cohérence de la composition qui font que l'auditeur se sent non seulement concerné mais totalement impliqué !
C'est tout ceci qui fera le sel de votre histoire ! Vous n'avez pas besoin d'être monté sur l'Everest pour capter votre auditoire : « *Pour que l'événement le plus banal devienne une aventure, il faut et il suffit qu'on se mette à le raconter*[1]. »
Raconter une histoire c'est arriver à faire oublier à l'auditeur le monde réel en l'emmenant dans un récit dans lequel il n'est pas mais où il se retrouve !

1. Jean-Paul SARTRE, *La Nausée*, Le Livre de Poche, 1938, page 60.

– **Amuser** : utiliser l'humour (si vous en avez le talent), raconter une anecdote drôle à propos d'un épisode vécu, savoir se moquer de soi (avec mesure)… tout ceci peut contribuer favorablement à maintenir l'attention.

– **Étonner** : intriguer, manier le paradoxe, introduire un peu de suspense dans le récit… sans bien sûr aucun excès qui, soit alourdirait l'échange, soit le rendrait trop complexe.

– **Utiliser des visuels** : montrer un document afin d'illustrer par une preuve ce que l'on est en train de raconter. Mais attention à ce que ce document intervienne comme « preuve par quatre » de ce que vous avancez et non comme une béquille de votre argumentation incomplète ou insuffisamment travaillée...

– **Faire un croquis** : parfois cela peut être fort utile, en appui d'une démonstration, de faire un croquis pour visualiser ce que l'on est en train de raconter à propos d'un marché, d'un produit, d'une organisation, d'un processus... tout peut être illustré sur un bloc-note par deux cercles et trois traits !

– **Écrire à l'envers sur un bloc-note** : vous voulez démontrer quelque chose en annonçant par exemple les étapes d'un processus. Prenez votre bloc-note et retournez-le en direction de votre interlocuteur. Par exemple, faites ce croquis dont je parlais plus haut. Puis décrivez ses étapes en les inscrivant en lettres majuscules (avec un peu d'exercice, écrire à l'envers en majuscules est facile). Rendez-le actif en le faisant participer à votre histoire. Ainsi vous concentrerez toute son attention sur votre schéma. Selon Christian BEGIN, on retient 10 % de ce qui est lu, 20 % de ce qui est lu et écouté et 90 % de ce qu'on a fait[15]... (Nul doute qu'en agissant de la sorte on réussisse à atteindre au moins 50 % ...).

– **Reformuler en visant la beauté de l'expression** : dès lors que votre interlocuteur s'est lui-même exprimé sur sa propre histoire et qu'on a le sentiment de l'avoir bien comprise, on peut tenter de ramasser son propos de manière synthétique. En visant ainsi à lui donner, en quelques mots, une vision peut-être plus claire pour lui de ce qu'il nous aura dit en de longs développements. Ceci peut aussi s'appliquer à vous-même : un joli raccourci sur votre trajectoire, sur une expérience, sur votre projet...

– **Trouver la bonne image** : une bonne métaphore pour illustrer votre propos peut vous aider à marquer la mémoire de celui qui vous écoute en donnant du relief à votre exemple. Choisissez-la

15. Christian BEGIN, « L'attention et la concentration », *Devenir efficace dans ses études*, Laval, Beauchemin, Agora, 1992.

cohérente et harmonieuse avec votre sujet. Souvent, la bonne image se trouve dans les domaines les plus simples, la cuisine, le bricolage… Je me souviens, par exemple, d'une personne qui, voulant expliquer la difficulté de l'aspect préparation dans son métier, me dit ceci : « *C'est comme quand on repeint un mur, le plus dur, c'est d'abord de nettoyer, de plâtrer pour boucher les trous puis de poncer et enfin de passer de l'enduit. Après tout ça, la peinture c'est facile… !* »

– **Ouvrir un champ nouveau de réflexion** : en fin d'entretien par exemple, une fois l'essentiel dit et à condition de bien maîtriser ce que vous allez dire, vous pouvez très bien envisager d'autres développements aux sujets qui ont été abordés, élargir le propos ou lancer une réflexion dans d'autres domaines… Un peu d'originalité et d'élévation dans l'échange sont tout à fait possibles dès lors qu'ils restent dans le compréhensible.

Choisissez d'utiliser le ou les moyens qui correspondent à telle ou telle circonstance. Bien utilisés, ces outils doivent vous aider à rompre la monotonie qui peut s'installer dans l'échange en lui donnant du rythme.

Le cas particulier de la question du fond et de la forme

Le fond

On sait que tout exercice de communication est difficile. Or, cet exercice de parler de soi est, de très loin, le plus dur, sur le fond comme sur la forme. En effet on comprend rapidement que cela va exiger de nous un effort particulier car ici, le « soi » n'est pas neutre.

C'est la raison pour laquelle il convient de passer du temps sur la phase consacrée au travail sur soi afin de trouver les éléments qui permettront de concevoir un bon message.

La forme

Si ce livre est davantage centré sur le fond (le message), il ne faut pas oublier la forme, c'est-à-dire tout ce qui va accompagner le fond de ce message. Mais « accompagner » est-il le bon mot quand on sait que 85 % de l'impact de notre communication sont dus à des aspects non verbaux et seulement 15 % au verbal... ?

Il en est ainsi : vous n'aurez pas fait trois pas en direction de votre hôte que vous serez déjà en observation critique ! Le timide comme le brave ne pourront se cacher ! Que vous soyez l'un ou l'autre, que vous le vouliez ou non, votre communication passe aussi par d'autres canaux. Inconscients pour la plupart d'entre nous, signifiants ou insignifiants, ces éléments non verbaux sont l'expression de quelque chose, **ils parlent de nous** !

DÈS QUE L'ADULTE PARAÎT, IL PARLE DE LUI... !

Dès que vous parlerez de vous, ce que l'on appelle votre communication non verbale crèvera l'écran. Sans doute l'habit ne fait-il pas le moine mais il en est ainsi : **le corps précède la pensée**... ! Vous serez jugé avant même d'ouvrir la bouche ! Vos gestes, votre façon de vous mouvoir, celle d'occuper l'espace, de vous asseoir, de vous poser... tout parlera de vous ! Préparez-vous donc aux conséquences de votre apparence et aussi à celles de vos manières. Soyez ce personnage inspirant la confiance à propos duquel un écrivain dit ceci : « *Ses manières le recommandaient dès l'abord*[1]. » On ne se rend en effet pas toujours compte des conséquences de la simple politesse qui sait produire de bons gestes (un serrement de main franc et agréable, une attitude avenante...), un sourire sincère et chaleureux, quelques mots appropriés (un « *Bonjour, monsieur* » bien articulé et ferme plutôt qu'un « *Bonjour* » distrait et insignifiant, ...), un regard bienveillant et écoutant...

1. Jane AUSTEN, *Persuasion*, 10/18, 1996, page 170.

L'important, en toutes circonstances, c'est d'être naturel, c'est-à-dire être vous-même.

Le seul objectif : être soi-même !

Ce qui ne veut pas dire pour autant se laisser aller… **Être soi-même** veut dire atteindre une vraie harmonie entre ce que je dis et ce que j'exprime par **mon attitude** et **mes gestes**. C'est cette fameuse « congruence » dont parlent les psychologues : l'idée se trouve ainsi portée par le corps dans un même élan, dans une même composition, un peu comme dans une chanson, lorsque les paroles et la musique s'unissent si fort qu'on se demande lequel des deux a inspiré l'autre ! Cette congruence recherchée va largement contribuer à **rassurer** votre interlocuteur ! Tout simplement parce qu'elle va produire chez lui, par un effet quasi mimétique, une attitude d'écoute favorable à votre encontre.

C'est à ceci que sert avant tout cette réflexion sur votre communication non verbale : **créer les conditions d'un bon échange en fixant l'attention sur l'essentiel, le message**. Quand bien même vous n'attachez pas plus d'importance que cela à ce point, en y apportant l'attention minimum requise, vous en diminuez les éventuels risques.

C'est pourquoi il vaut mieux être conscient de ce que l'on exprime par ses attitudes et ses gestes et tenter ainsi de les contrôler au même titre que le fond du message.

Au fait avez-vous déjà fait de la vidéo ? Vous êtes-vous déjà observé sur un moniteur ? Il est peut-être temps de vous y exercer car ainsi, vous percevrez beaucoup mieux ces éléments formels de la communication, tels que vous les utilisez.

C'est votre premier objectif : savoir comment vous êtes sur ces sujets ! Non pour vous mettre la « rate au court-bouillon »… après avoir pointé vos défauts mais plutôt pour identifier tout ce qui peut être considéré comme excessif (un geste répété qui, parce qu'il serait décalé par rapport à votre discours, provoquerait de l'étonnement chez un interlocuteur ou un tic qui s'avèrerait insupportable à la longue, etc.).

Deuxième objectif : en travaillant cette question de la forme, vous trouverez de quoi atténuer tel ou tel trait, renforcer tel ou tel autre. On peut en effet articuler davantage, on peut clarifier sa voix, contrôler ses gestes, donner un peu de vie à un discours... ! En aucune façon il ne s'agira d'adopter des gestes qui ne seraient pas les vôtres. En procédant ainsi vous ne passeriez pas les cinq premières minutes d'un entretien... !

Mais rappelons tout d'abord quels sont ces éléments fondamentaux de la forme et quelles sont les questions que vous pouvez légitimement vous poser :

1) Votre voix : elle va porter votre message. Vous devez donc la travailler afin de la poser comme il faut. Mais avant ceci, je vous conseille de vous entendre : enregistrez-vous lors d'une lecture que vous ferez ou bien d'une présentation de vous-même. Écoutez-vous et tirez-en des enseignements profitables. Cette lecture est-elle suffisamment articulée ? Est-elle claire ? Quel est son volume ? Quel est son timbre ? Est-il agréable ? Quel est le rythme de votre débit ? Quelle est la place que vous faites au silence ? etc.

Ne sous-estimez jamais la **qualité de votre diction** : ce que vous allez dire va porter votre texte avec plus ou moins de force. Il faut donc que vous sachiez le dire parfaitement, comme au théâtre. « *En le disant simplement dans la clarté de la diction, tu te sentiras atteint par ce qu'il y a à l'intérieur du texte* », expliquait Louis Jouvet à un jeune comédien.

Utilisez ce tableau pour évaluer votre voix et la faire évaluer

SON VOLUME	faible	convenable	fort
SON ARTICULATION	mauvaise	bonne	très bonne
SON DÉBIT	lent	régulier	rapide
SON TIMBRE	grave	normal	aigu

SON PLACEMENT	basse (voix abdominale)	au milieu	haute (voix de tête)
SON RYTHME	monotone	régulier	changeant

2) Votre regard : Avez-vous « un » regard ? Quel est-il ? Est-il fuyant ? Dans quels cas ? Est-il écoutant ? Êtes-vous capable de soutenir un échange de regards plus d'une seconde ? etc.

Utilisez ce tableau pour évaluer votre regard et le faire évaluer

LE REGARD	changeant, fuyant	« accompagnant » bien le message	trop fixe

3) Votre gestuelle : Comment êtes-vous ? Êtes-vous posé, agité, expressif ? Comment sont vos gestes ? Sont-ils amples, mesurés, nerveux, rares… ? Quand vous parlez, que font vos mains ? Dans quelles circonstances sont-elles actives ? Quand vous parlez et argumentez, comment êtes-vous ? Et quand une question piège vous surprend, à quoi votre corps ressemble-t-il ? etc.

Utilisez ce tableau pour évaluer vos attitudes, votre gestuelle et les faire évaluer

LE VISAGE	très expressif	expressif	inexpressif
LA POSTURE DU CORPS	droite	souple, tendue vers l'interlocuteur	avachie, en retrait
ÉMOTIVITÉ RESSENTIE	forte	contenue, contrôlée	faible
LES GESTES	trop saccadés, trop nerveux, trop agités	mesurés, rythmant et « accompagnant » bien le message	inexistants

4) Votre « look » : Comment êtes-vous habillé ? Vos chaussures sont-elles cirées ? Présentez-vous un aspect soigné, êtes-vous peigné, « tiré à quatre épingles » ? Votre pantalon est-il bien repassé, les couleurs choisies de votre jupe et de votre chemisier sont-elles harmonieuses, sont-elles dans le ton, ne vont-elles pas choquer un interlocuteur par trop conventionnel ? etc.

Utilisez ce tableau pour évaluer votre « look » et le faire évaluer

LES CHAUSSURES	parfait	moyen	pas terrible
LE BAS (PANTALON, JUPE)	parfait	moyen	pas terrible
LE HAUT (VESTE, CHEMISE)	parfait	moyen	pas terrible
LA COIFFURE	Parfait	moyen	pas terrible

Quelques questions essentielles pour vérifier la qualité de votre communication après coup

(Vous pouvez parcourir rapidement ce paragraphe mais surtout revenez-y après avoir achevé votre travail sur vous et la formalisation de vos discours.)

Au fond, quel que soit le véhicule (oral, écrit, téléphone…), **parler de soi** consiste, nous l'avons vu, à frapper fort : vous devez livrer un message qui doit être entendu *et* susciter l'envie d'agir en votre faveur.

Vous avez trouvé de la matière (première partie), vous savez comment mettre en forme votre communication selon les cas et comment les dire (deuxième partie), ça y est : vous êtes prêt !

Mais en êtes-vous bien sûr ? Croyez-vous vraiment à ce que vous dites ? Achèteriez-vous le « produit » que vous avez façonné ? Vous fait-il vraiment envie ? En êtes-vous fier ? etc.

Si, à l'une de ces questions, vous hésitez, cela veut dire que vous n'êtes pas au point. Revoyez votre copie. Cherchez à affiner votre message : enlevez (beaucoup), ajoutez (si peu...), requalifiez, voyez précisément où le bât blesse !

Faites une check-list avant le décollage... !

Enfin, si vous voulez affiner vos messages pour parler de vous, je vous propose d'utiliser l'outil suivant qui va fonctionner à la fois comme un détecteur de points négatifs qu'il faudra améliorer et comme un tamis visant à supprimer ce qui n'est pas nécessaire.

Cet outil est fait d'une batterie de questions auxquelles je vous invite à répondre. Certaines parfois se recouperont. Je vous suggère de les lire et d'y réfléchir avant d'utiliser l'outil proposé plus loin qui reprendra chacune des questions.

Les 29 questions essentielles à propos de mon message

Est-il court ?
Me suis-je bien battu contre ma tendance à vouloir tout dire ou, en tout cas, vouloir en dire le maximum... ?

Est-il direct ?
Suis-je bien tout de suite dans l'essentiel de l'essentiel ? Ne dis-je pas d'abord des choses secondaires ?

Est-il structuré ?
La structure choisie de mon message est-elle si perceptible que la mémoire de mon interlocuteur en sera marquée ? Donne-t-il la possibilité à mon interlocuteur de m'interrompre à loisir sans tout briser ?

Est-il précis ?
Mon message possède-t-il ce qu'il faut de précisions afin de rassurer ? Dans les exemples que je donne, ne suis-je pas trop vague et engoncé dans des généralités ?

Est-il clair ?

Mon message est-il évident ? Est-il compréhensible ? N'y a-t-il pas encore des zones floues ? La voie que j'indique est-elle limpide ?

Est-il simple ?

Mon message est-il « livré » au premier degré ? Est-ce qu'il ne se complaît pas dans la complexité ? Ai-je bien compris que le simple, c'est mieux que le compliqué ?

Utilise-t-il des images ?

Pour illustrer mon propos, mon message utilise-t-il parfois des images, des métaphores ? Et lorsque c'est le cas, sont-elles appropriées ? Ne suis-je pas trop dans l'argument sec, dans le concept sans humanité ?

Possède-t-il du fond ?

Mon message possède-t-il de l'épaisseur ? Reflète-t-il bien l'expérience que j'ai acquise ? N'est-il pas trop centré sur des caractéristiques « passe-partout » comme un « job description » ou une plaquette commerciale en comporte ?

Y a-t-il des exemples ?

Mon message met-il en exergue un ou deux exemples qui apportent la preuve de ce que j'avance ? Ne suis-je pas trop dans la pensée plutôt que dans l'expérience concrète ?

Est-il innovant ?

Mon message apporte-t-il quelque chose de nouveau ? Comporte-t-il quelque chose de créatif ? Ne suis-je pas trop dans le conformisme, dans le conventionnel ?

Est-il concret ?

Mon message possède-t-il un ou deux exemples concrets dont le résultat a des chances de parler à mon interlocuteur ?

Est-il distrayant ?

Ce que je dis offre-t-il son lot de distraction : une idée, une expérience, un succès qui, par son originalité, va frapper l'esprit de votre interlocuteur ?

S'appuie-t-il sur des faits ?

Mon message comporte-t-il des données incontestables sur lesquelles j'appuie mon discours (concernant le marché, le secteur, leur évolution, etc.) ?

Possède-t-il une vertu apprenante, explicative ?

Y a-t-il des points susceptibles d'enrichir mon interlocuteur en lui livrant quelque chose qu'il ne connaît pas forcément, qui soit facile à expliquer et à retenir ?

Fait-il rêver ?

Ce que je dis dans mon message laisse-t-il entrevoir des perspectives attrayantes, de nouveaux horizons de nature à entraîner favorablement mon interlocuteur sur d'autres sujets que les siens ?

Est-il vif, alerte ?

Mon message possède-t-il ce qu'il faut de dynamisme pour emmener mon interlocuteur vers davantage d'attention à mon égard ?

Est-il visuel ?

Le déroulé de mon message passe-t-il parfois par l'utilisation d'une aide visuelle ? Par exemple, m'arrive-t-il de montrer un document ou bien m'arrive-t-il de faire un croquis pour faire comprendre ? Et, summum de l'art, est-ce que je suis capable de le faire à l'envers afin de lui permettre de le suivre ?

Utilise-t-il l'empathie ?

Mon discours est-il tourné vers mon interlocuteur ? S'intéresse-t-il à lui ? Utilise-t-il parfois le « vous » et pas seulement le « je » ? Fait-il de temps à autre référence à son expérience ou à sa pensée ?

Excite-t-il la curiosité ?

Donne-t-il envie d'en savoir davantage ? Y a-t-il suffisamment d'éléments qui susciteront des questions ? Y a-t-il dans mon message de quoi, parfois, intriguer, étonner… ?

Rassure-t-il ?

Mon message comporte-t-il les ingrédients qui rassurent : la cohérence, le concret, la vraisemblance, la structure, la clarté, etc. ?

Est-il logique ?

Les éléments de mon message se suivent-ils avec fluidité, avec une telle grâce de pensées développées que l'autre se délecte à chacune d'entre elles ? (non, je ne rigole pas… !)

Est-il rythmé ?

Le découpage de mon message observe-t-il bien quelques ruptures avec, comme en musique, un « tempo », quelques « allegro » et « moderato »… ?

Fait-il place au silence ?

Le silence trouve-t-il naturellement sa place dans mon message ? Quand ? Celui-ci permet-il à mon interlocuteur de reprendre son souffle quand je l'entraîne vers mes raisonnements ?

Est-il sincère ?

Suis-je bien sûr que ce message est le mien ? Tous ses éléments me ressemblent-ils à s'y méprendre ? Tout est-il bien de moi ?

Est-il bien composé ?

Toutes les idées que mon message déroule sont-elles situées au bon endroit ? Au-delà de la structure, les phrases, les mots ont-ils été suffisamment pétris pour que leur place s'impose avec évidence ?

Est-il universel ?

Mon message vise-t-il la compréhension de tous ? Ne suis-je pas trop dans ma spécialité, avec ses concepts, ses techniques et ses « trucs » que peu de gens comprendront ?

Les transitions sont-elles bonnes ?

Les ai-je bien trouvées ? Les ai-je, d'ailleurs, bien travaillées ? Lorsque je passe d'une idée à une autre, suis-je bien sûr d'utiliser celle qui convient le mieux ?

A-t-il du style ? Possède-t-il un peu de beauté ? En d'autres termes plus simples, la pensée que vous cherchez à exprimer a-t-elle trouvé le(s) mot(s), la phrase ou l'expression les plus appropriés ?

Raconte-t-il une histoire ?

Pourrais-je (sans rire) mettre en accroche à mon message : « Il était une fois... ? » Comme au théâtre (rappelez-vous : unité de lieu, de temps et d'action), ce qui fait une histoire, c'est un décor, un espace de temps, une aventure et, bien sûr, des personnages. Y a-t-il tout ceci dans mon histoire ? C'est la question la plus importante ! Elle ramasse à elle seule toutes les autres questions en ce sens qu'elle va les rendre obligatoires ! C'est ce qui fera que mon message sera beau.

D'autres questions peuvent être posées. Si vous en trouvez, n'hésitez pas à essayer d'y répondre.

Comment allez-vous procéder ? En utilisant le tableau suivant et en quatre étapes.

Première étape : vous essaierez de noter de 1 (faible) à 5 (fort) pour chaque question la qualité de votre message.

Deuxième étape : vous demanderez ensuite à quelqu'un qui vous connaît bien de faire la même chose.

Troisième étape : vous comparerez.

Récapitulatif des questions destinées à verrouiller mon message

LES QUESTIONS SUR MON MESSAGE	MA NOTE	LEUR NOTE	HERRMANN
Est-il court ?			
Est-il direct ?			
Est-il structuré ?			
Est-il précis ?			
Est-il clair ?			
Est-il simple ?			
Utilise-t-il des images ?			
Possède-t-il du fond ?			
Y a-t-il des exemples ?			
Est-il innovant ?			
Est-il concret ?			
Est-il distrayant ?			
S'appuie-t-il sur des faits ?			
Possède-t-il une vertu apprenante, explicative ?			
Fait-il rêver ?			
Est-il vif, alerte ?			
Est-il visuel ?			
Utilise-t-il l'empathie ?			
Excite-t-il la curiosité ?			
Rassure-t-il ?			
Est-il logique ?			
Est-il rythmé ?			

Les questions sur mon message	Ma note	Leur note	Herrmann
Fait-il place au silence ?			
Est-il sincère ?			
Est-il bien composé ?			
Est-il universel ?			
Les transitions sont-elles bonnes ?			
A-t-il du style ?			
Raconte-t-il une histoire ?			

Quatrième étape (à ne travailler qu'après avoir fini le livre) : vous essaierez pour chaque question de vous poser la question suivante : quel quadrant HERRMANN cette question vise-t-elle plus particulièrement ? Chaque question fait en effet référence à l'un des quatre quadrants HERRMANN. Celui-ci va vous renseigner sur ce que vous êtes capable de produire de manière naturelle et va, en creux, vous inciter à renforcer tel ou tel point qui vous apparaîtrait insuffisamment travaillé.

Exemple pour la question « Est-il structuré ? » : je me mets une note de 4 mais celui qui me note met 1. Je peux donc en conclure, non seulement qu'il y a un écart qu'il va me falloir expliquer, mais aussi que si mon message n'est pas suffisamment structuré, je risque de ne pas atteindre ceux qui attendent de la structure (les cerveaux gauches faits des quadrants A et B).

Derrière cet exemple, l'idée consiste à faire en sorte de s'adresser à tous types d'interlocuteur. Chacun a en effet ses propres dominantes avec un point d'ancrage plus ou moins fort dans les quatre quadrants. Et, faute de le savoir à l'avance, il va vous falloir plus que jamais miser sur une « communication à cerveau total ». C'est peut-être le moment de lire ou de relire l'annexe sur l'inventaire de personnalité HERRMANN afin de mieux comprendre les attentes des quatre quadrants en vous aidant de la représentation suivante :

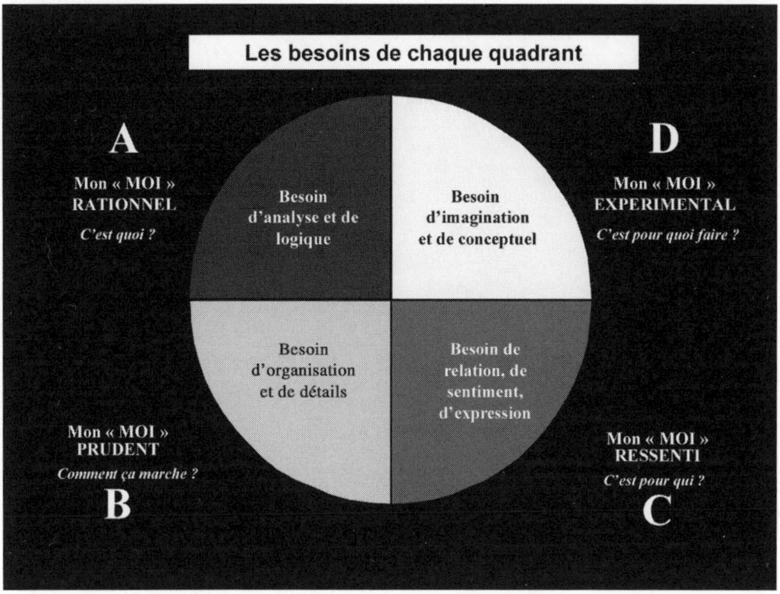

– Ma question correspond-elle à un besoin d'**analyse et de logique** ? *Dans ce cas, elle vise plutôt le quadrant A*

– Ma question correspond-elle à un besoin d'**organisation et de détails** ? *Dans ce cas, elle vise plutôt le quadrant B*

– Ma question correspond-elle à un besoin de **relation et de sentiment ?** *Dans ce cas, elle vise plutôt le quadrant C*

– Ma question correspond-elle à un besoin d'**imagination et de conceptuel ?** *Dans ce cas, elle vise plutôt le quadrant D*

Vous venez de faire un long travail qui vous a mené, à force d'interrogations sur vous-même, vers plus d'aisance dans la manière de parler de soi. Un travail de mémoire d'abord et de multiples confrontations parfois dérangeantes au réel ensuite qui ont alterné remises en cause, reprises en main et remises en action.

Désormais, vous maîtrisez mieux les ressorts de la communication, vous êtes prêt à passer à l'étape suivante : la construction de vos discours.

TROISIÈME PARTIE

PARLER DE SOI, MODE D'EMPLOI

CHAPITRE 7

Les différentes formes de présentation de soi

Les formes que peut prendre cet exercice sont multiples : des présentations courtes, des longues, des présentations orales, écrites, synthétiques, d'autres qui entreront dans le détail... Sur le fond comme sur la forme, tout est possible.

Parmi elles, il y en a trois que nous étudierons plus particulièrement et dont nous recommanderons l'utilisation. Elles correspondent à ce qui est le plus fréquemment attendu dans tous les cas de figures, que vous soyez dans une fonction commerciale ou de recherche d'évolution professionnelle.

La plus académique

– **Se présenter à l'oral en 2 minutes** : c'est la présentation qu'il convient de maîtriser en premier. D'une part parce que les autres façons de se présenter en découlent. D'autre part parce qu'elle correspond à ce qui est attendu dans la plupart des circonstances professionnelles. C'est la **présentation idéale** pour votre interlocuteur qui dispose d'un peu de temps à vous consacrer (mais pas forcément beaucoup) et chez qui vous sentez, a priori, une écoute bienveillante à votre égard au démarrage de l'entretien.

La plus fréquente

– **Se présenter à l'oral en quelques secondes** : c'est la moins « institutionnelle » en ce sens qu'elle ne sera guère demandée (dans le milieu professionnel par exemple). Mais paradoxalement c'est sans doute celle à laquelle vous aurez recours le plus fréquemment, surtout dans la vie personnelle. Quand quelqu'un fait mine de s'intéresser à vous dans un cadre qui n'est pas « institutionnel », c'est cette présentation qui vous sera demandée dans neuf cas sur dix ! Elle s'adapte parfaitement aux circonstances les plus variées : les dîners, les cocktails mais aussi les rencontres fortuites sur le quai d'une gare, dans un ascenseur. Cette présentation correspond au fameux « Elevator Pitch » : il s'agit d'une technique qui consiste à mobiliser en quelques secondes, avec une très courte présentation de soi, quelqu'un rencontré entre le 39e et le 3e étage d'un building. Cette technique pourra aussi vous servir quand il s'agira, par exemple, de parler de vous lors d'une rencontre professionnelle dans laquelle le temps imparti est très court. Mais aussi pour parler de vous **au téléphone**, dans une prise de rendez-vous, par exemple.

En tout état de cause, cette présentation de quelques secondes découlera de la première (celle de 2 minutes) ; c'est donc la première qu'il faut d'abord travailler !

La plus difficile

– **Se présenter par écrit** : c'est une présentation du même ordre que les deux premières en ceci qu'elle appelle de grandes qualités de synthèse. Avec en plus un effort de rédaction qui ne va pas de soi. C'est un excellent moyen de convaincre dans le milieu professionnel, notamment pour obtenir des rendez-vous dans le cas d'une recherche d'emploi par exemple, dans celui d'une lettre visant à solliciter son réseau de relations ou à confirmer ce qui a été dit lors d'un entretien.

Mais aussi dans le cas d'une **démarche commerciale**, d'un entretien de réseau ou bien encore d'une démarche « dans le dur ».

Sachant que nous commençons à parler de nous dès que nous apparaissons, cette troisième partie abordera également ce qui se passe **avant** de parler de soi et ce qui se passe **après**.

Elle traitera successivement les cinq points suivants auxquels nous sommes tous confrontés à un moment ou à un autre :

- Comment bien démarrer un entretien ?
- Comment parler de soi en 2 minutes ?
- Comment poursuivre l'entretien après les 2 minutes ?
- Comment parler de soi en quelques secondes ?
- Comment parler de soi au téléphone ?
- Comment parler de soi à l'écrit ?

CHAPITRE 8

Comment bien démarrer un entretien ?

Avant d'arriver à cette présentation de 2 minutes et quelles que soient les circonstances professionnelles dans lesquelles elle interviendra, je vous conseille de respecter les deux préliminaires suivants :

– une entrée en matière qui interviendra avant cette présentation de 2 minutes et avant tout échange,

– le respect d'un principe d'airain : « **prendre la main** » dès le début de l'échange.

L'entrée en matière, une étape déterminante

C'est l'étape à ne pas rater et c'est sans doute l'une des plus dures non pas en raison de sa difficulté mais en raison de l'inexpérience que nous avons le plus souvent de ces pratiques.

Vous le savez, les premières impressions figent l'image que vous allez donner. Un premier coup d'œil, un serrement de main, un échange de quelques mots et, déjà, nous sommes ou non emballés par notre interlocuteur, nous avons envie ou pas d'en savoir davantage sur lui. Nous nous sentons ou non vivifiés par le contact. Sympathie ou antipathie, attirance ou pas, dans tous les cas, l'impression se fige dans les plus brefs délais ! Pour nous comme d'ailleurs pour notre interlocuteur !

Et, malheureusement, si cette impression est plutôt négative au départ, il faudra produire beaucoup de travail pour transformer ce sentiment et le rendre, dans un deuxième temps, positif !

Or, en y réfléchissant, si l'exercice nous paraît dur, c'est parce qu'il nous semble simple et aller de soi. On ne s'y prépare donc pas au point que dans neuf cas sur dix, nous ne nous posons même pas la question.

Ne pas rater les premiers instants !

Pourtant, bien démarrer un entretien, savoir remercier de l'accueil qui vous est fait, trouver les premiers mots qui vont détendre l'atmosphère, trouver un premier sujet d'intérêt général qui ne soit pas trop « bateau », avec peut-être une pincée d'humour..., tout ceci exige un minimum de préparation.

Voici quelques moyens simples de réussir cette entrée en matière.

D'abord, savoir briser la glace

Il s'agit des premiers instants d'un entretien avec quelqu'un que l'on ne connaît pas forcément. Vous êtes accueilli par votre hôte, il vient vous chercher pour vous conduire vers son bureau. Ceci peut durer trente secondes à plusieurs minutes et parfois le temps semble bien long... Chacun est un peu sur la réserve, dans l'esprit d'une certaine distance à maintenir... après tout, on ne se connaît pas encore... ! Et là, le pire qui puisse arriver, c'est qu'un silence de plomb s'installe ! Vous vous attendiez à ce qu'il vous accueille avec chaleur et de sympathiques paroles mais vous avez affaire à un timide ou un « mal embouché »... Bref, vous devez faire quelque chose !

Sachez « briser la glace »

Premier temps : vous pouvez donc commencer par **remercier** simplement votre interlocuteur des indications qui vous ont été données pour vous rendre au rendez-vous. En général c'est lui-même qui vous les a données lors de la prise de rendez-vous. D'où, d'ailleurs, l'intérêt de ne jamais quitter un interlocuteur lors d'une prise de rendez-vous par téléphone sans l'avoir sollicité pour vous aider concrètement à parvenir au lieu du rendez-vous, en lui demandant des indications précises sur le repérage de l'endroit, sur l'arrêt du transport en commun le plus proche, etc. Un remerciement simple sur ce sujet vous permettra peut-être de le faire parler un peu des difficultés ou des possibilités de stationnement en voiture dans le quartier… Bref, mettez-le en condition pour qu'il s'exprime sur quelque chose qu'il connaît parfaitement !

Ce « brisage de glace » va permettre un démarrage positif dans lequel vous allez vous mettre à valoriser votre interlocuteur à propos de quelque chose d'anodin, certes, mais de très pratique quant à votre objectif de bien faire démarrer l'entretien en abordant un sujet auquel il porte de l'intérêt.

Deuxième temps : d'autres « brisages de glace » sont bien entendu possibles, notamment lorsque vous êtes rentré dans son bureau. Par exemple, vous pouvez y repérer quelque chose (un objet de décoration, un objet illustrant un hobby, etc.) avec lequel vous allez lancer l'échange sur le mode : « *Quel bel objet, que représente-t-il… ?* » (dès lors, bien sûr, que celui-ci n'est pas trop abstrait, ce serait périlleux… !). Ou bien, mais c'est plus banal, vous pouvez complimenter votre hôte sur les locaux s'ils sont accueillants : « *Vous êtes bien installé, quelle chance vous avez…* » (encore faut-il que ce soit le cas et que vous sentiez de l'originalité dans son bureau par exemple !).

Utiliser un « brisage de glace », c'est forcément plus périlleux que de se contenter de remercier votre interlocuteur de son accueil, mais si vous visez juste, par exemple un hobby ou un centre d'intérêt, un diplôme encadré, des coupes de tournois gagnés, une photo le représentant sur un terrain de basket-ball… et sur lequel vous avez un commentaire sympathique à faire, ce peut être très payant !

Mais attention de ne pas trop en dire car le risque est grand de le laisser vous embarquer sur son sujet de prédilection dont vous ne contrôleriez plus le fil ! Comment en effet après un tel « dégagement » sur son hobby revenir sur votre sujet… ?

Quelques exemples de « brisages de glace » :

DANS LE COULOIR OU DANS LE BUREAU DE VOTRE INTERLOCUTEUR, ÉVITEZ CES PREMIERS MOTS...	DITES PLUTÔT...
• « *J'ai souhaité vous rencontrer pour vous parler de...* »	• « *Bonjour, monsieur ou madame, je suis très heureux(se) de vous rencontrer...* » Laissez-le reprendre la balle au bond... !
• « *Pardonnez-moi d'avoir insisté pour que vous me receviez...* »	• « *Votre hôte(esse) d'accueil est absolument charmant(e)...* » (il faut qu'il ou elle le soit...)
• « *J'ai eu beaucoup de mal à me garer...* »	• « *Merci de vos explications très claires, je suis arrivé chez vous sans aucun problème...* »
• « *Ouh là, un vrai labyrinthe pour arriver à votre bureau...* »	• « *Quel bel objet vous avez là, que représente-t-il... ?* »
• « *C'est sympa de me recevoir...* »	• « *Merci de me recevoir, monsieur ou madame* (en lui serrant la main et en le regardant droit dans les yeux), *je suis très heureux(se) de vous rencontrer...* »

DANS UN CADRE PLUS PRIVÉ (RENCONTRE INOPINÉE, RÉUNION MONDAINE, COCKTAIL OU UNE INVITATION CHEZ QUELQU'UN, ETC.), ÉVITEZ CES PREMIERS MOTS...	DITES PLUTÔT...
• « *Je suis ravi(e) de vous voir, je vais enfin pouvoir vous parler de moi...* »	• « *Je suis très heureux(se) de vous rencontrer, c'est une merveilleuse occasion de faire plus ample connaissance...* »
• « *Ça doit être très bruyant ce quartier plein de commerces...* »	• « *Quelle jolie vue vous avez ou quel quartier sympa vous habitez, comme ça doit être agréable d'avoir tous ces commerces au pied de chez soi...* »

• *« Non merci, le champagne ne me réussit pas… »*	• *« Ce que ce champagne est bon, quel est votre secret… ? »* (même si vous n'aimez pas ça)
• *« Je suis très ennuyé, je ne connais personne… »*	• *« Vous avez l'air de connaître tout le monde, pouvez-vous m'aider à savoir qui est qui… ? »*

Ensuite, remercier brièvement du temps que votre interlocuteur va vous consacrer

Une fois que vous êtes installé, assis par exemple devant lui, vous pouvez prendre la parole le premier en le remerciant chaleureusement du temps qu'il vous consacre. En citant son nom : c'est le mot qu'il préfère (mais attention de ne pas abuser de ceci comme les mauvais vendeurs qui finissent par agacer…). Remerciez-le mais sans emphase. Et surtout de manière concise, sincère et souriante. Exemple : *« Merci beaucoup, monsieur X, du temps que vous me consacrez. »* Après cette étape de remerciement, sachez passer immédiatement à l'étape suivante en « prenant la main » !

En résumé : cette entrée en matière est un moment qu'il ne faut pas rater ! Soyez souriant, trouvez le mot d'introduction qu'il faut pour « briser la glace », contrôlez la situation et apprêtez-vous à prendre la main !

L'annonce du cadre de l'entretien ou comment prendre la main ?

Subir ? Non, conduire !

C'est une étape stratégique : on croit le plus souvent que, sous prétexte que l'on est reçu, on doit laisser son hôte conduire l'entretien, voire le subir. C'est faux !

Dans neuf cas sur dix votre interlocuteur vous saura gré de le guider dans cet entretien qu'il ne sait pas forcément très bien comment prendre ni où il va mener. Ceci sera évidemment davantage vrai dans le cas d'un entretien dit de « réseau » ou d'un entretien commercial plutôt qu'avec un recruteur.

Annoncez la couleur !

En « prenant la main » et en cadrant l'entretien, c'est-à-dire en annonçant ses grandes étapes, vous allez non seulement mettre de la clarté là où il n'y en a pas forcément au démarrage mais, en plus, vous allez le rassurer : il va comprendre qu'avec vous, c'est structuré, il y a un objectif clair à atteindre et il va surtout comprendre que le temps sera maîtrisé ! C'est d'ailleurs là, sans doute, son souci majeur en ce début d'entretien : ne pas se faire déborder par le temps ! Sa journée est remplie et chaque rendez-vous correspond à du temps pris sur le sien !

Osez poser la première questtion !

Vous pouvez par exemple dire ceci dès que vous êtes assis : « *Comment voulez-vous que nous procédions… ?* » En suggérant dans la foulée et sur le mode interrogatif un plan d'entretien ; sans lui laisser le temps de répondre. Ajoutez par exemple : « *Peut-être puis-je vous dire en deux minutes qui je suis, quel est mon parcours, ce que je peux apporter et quelle est ma valeur ajoutée (ou celle de l'entreprise que je représente)… ?* » Puis : « *À la suite de quoi peut-être pourrez-vous me dire également qui vous êtes et peut-être aussi quelques mots sur votre entreprise… ?* » Ajoutez immédiatement : « *Après quoi je serais heureux de recueillir vos conseils et vos remarques sur le projet dont je vais vous parler, sur l'offre (commerciale) que je pourrais vous faire…* » Puis : « *Est-ce que cela vous va… ?* »

S'il a une autre idée, il vous le dira et s'il n'en a pas il sera ravi de cette aubaine d'un entretien qui s'annonce très structuré… !

En procédant ainsi, non seulement vous le rassurez en satisfaisant sa curiosité et son besoin de structure mais, en plus, vous le mettez en appétit : vous annoncez que votre offre possède un caractère distinctif.

Tout au long de l'entretien, votre interlocuteur va donc attendre ce point avec une certaine impatience. Et toute la technique consistera à satisfaire ce besoin en partie à chacune des étapes de votre discours.

Puis embrayez immédiatement sur le « chapeau » (voir le chapitre suivant : « Comment parler de soi en 2 minutes ? »).

Ne vous laissez pas désarçonner !

Si vous avez des doutes sur l'intérêt de « prendre la main », songez que, dans le cas où vous ne la prendriez pas, votre interlocuteur sera tenté de le faire à votre place. Et là, vous risquez d'en pâtir ! Je me souviens d'un ingénieur brillant et très expérimenté qui, en phase finale de recrutement, s'est vu littéralement balayé par un DRH. En prenant la main, celui-ci s'est fait un malin plaisir de lui poser une batterie de questions dès le début de l'entretien en cherchant à le désarçonner. Ce qui d'ailleurs fut fait, hélas, de main de maître !

Dans ce cas, il faut insister pour rester dans l'idée de commencer par se présenter en 2 minutes. En réponse à une question vous empêchant de faire votre présentation, on peut dire ceci : « *Je comprends votre question et je vais y répondre… mais si vous le permettez, je vais commencer par vous dire quelques mots sur moi…, pour vous dire qui je suis…* » Et si cela recommençait, je vous conseille de réitérer cette tactique : « *Je comprends tout à fait votre demande… mais si vous le permettez…* » et de refaire la même suggestion.

Il importe que dès le démarrage, vous posiez le décor. Ne cherchez pas à faire entrer le client dans la belle voiture que vous voulez lui vendre s'il n'a pas pris le temps d'abord d'en admirer les contours, d'en apprécier les formes extérieures… ! **C'est pourquoi il faut imposer la présentation de 2 minutes quoi qu'il arrive !**

Quand les obstacles se présentent…

Quelques cas difficiles se présentent au démarrage d'un entretien… comment y répondre ?	Mon conseil
• « *Bien, je vais vous présenter mon entreprise… et vous me direz ensuite qui vous êtes…* »	• Adaptez-vous, laissez-le parler et lorsqu'il aura fini, revenez sur votre schéma d'origine : « *Merci de la présentation que vous m'avez faite, puis-je à mon tour vous dire en quelques mots qui je suis… ?* »
• « *Je vois sur votre CV que…* » ou « *Pierre Machin m'a dit que vous étiez…* »	• « *Je comprends… et je vais répondre mais si vous le permettez, je vais d'abord vous dire qui je suis en quelques mots…* » et vous reprenez le schéma prévu…
• « *Malheureusement, je n'ai que très peu de temps à vous accorder, je suis en retard…* »	• Ne vous laissez pas décontenancer, adaptez-vous, demandez-lui de combien de temps vous disposez et agissez en fonction en repartant de votre schéma d'origine : « *Je comprends… je vais vous dire en quelques mots…* » C'est peut-être une chance : un temps resserré va forcer la concentration !
• Aïe ! Sous un prétexte qui vous échappe, il vous propose de vous emmener boire un café…	• Adaptez-vous mais résistez ! Car c'est un piège non voulu par lui mais qui peut vous enfermer dans une posture différente de celle que vous escomptiez. Le temps du café, faites-le parler de son entreprise et de lui ; vous parlerez de vous ensuite, de retour dans son bureau. Vous insisterez d'ailleurs pour y revenir : vous avez, par exemple, des documents à lui montrer… il vous faut revenir dans un cadre de travail, vous n'êtes pas là pour autre chose !

CHAPITRE 9

Comment parler de soi en 2 minutes ?

Voici un modèle structuré d'une présentation de soi en sept points.

C'est celle qu'il vous faut maîtriser pour faire comprendre qui vous êtes.

Et, nous l'avons vu, quelle que soit la circonstance, vous n'échapperez pas à la nécessité de la « délivrer » de deux façons : **en 2 minutes** ou **en quelques secondes** (cette version de quelques secondes sera la résultante de celle de 2 minutes et sera développée plus loin).

Il s'agit de la façon de se présenter la plus classique : elle est celle qui interviendra le plus fréquemment dans le milieu professionnel.

Une communication qui convient dans la plupart des cas !

Retenez que dans tous les cas, c'est celle-ci que vous devez utiliser. Elle convient en effet à peu près à toutes les situations : dans un **entretien de recrutement**, dans le cadre d'une mobilité, d'une présentation type dans l'entreprise (lors d'une formation, d'un projet transverse, etc.), ou bien encore dans une **communication vers l'extérieur** (vers des clients, des prospects, des partenaires, fournisseurs...), **en interne** avec une nouvelle équipe, en intégrant une nouvelle entreprise mais aussi dans des **entretiens commerciaux**. Dans ce dernier cas, cette présentation viendra en appui d'une présentation de l'entreprise que l'on est censé représenter, de son offre... Et ceci, quelle que soit votre fonction : salarié ou chef d'entreprise.

Quand j'assiste à la présentation d'une entreprise par l'un de ses ambassadeurs, je suis toujours très étonné qu'elle ne soit pas suivie d'une présentation de celui-ci. Aussi parfaite et brillante que soit cette présentation de l'entreprise, sera-t-elle aussi convaincante et rassurante ? Ne lui manquera-t-il pas un peu de cette humanité que chacun recherche dans toute histoire ?

Cette présentation de 2 minutes convient parfaitement à toutes les circonstances. Même si elle ne peut suffire. Elle exigera bien évidemment d'autres prolongements. Mais je vous recommande de l'utiliser dans un premier temps, au début de l'entretien. Elle va vous aider à « planter le décor ». Ce décor qui va structurer l'entretien dans l'esprit de votre interlocuteur et lui apporter les éléments de nature à le mettre en confort dès le démarrage.

> Au début d'un entretien, sachez « planter le décor » !

Cette présentation convient également dans un cadre plus personnel. Mais là, il faudra plutôt utiliser la présentation en quelques secondes. Parce que les conditions s'y prêteront mieux et parce que le temps dont vous disposerez sera plus court.

Enfin, retenez que, faute de posséder cette présentation en 2 minutes, vous ne pourrez envisager de posséder les autres présentations qui en découlent.

Voici les sept grandes étapes que je vous conseille de respecter :

1/ Annoncer votre « chapeau »
2/ Introduire un peu de chronologie pour comprendre le parcours, la trajectoire, le « fil rouge » de votre carrière
3/ Livrer les domaines d'expertise et les expériences majeures (un peu de concret avec un ou deux exemples)
4/ Rappeler votre formation
5/ Présenter votre projet

> Sept étapes pour être convaincant !

6/ Répondre à la question : et moi dans tout ça ? (quelques éléments sur vous dans le civil)

7/ Se mettre en écoute (comme on se met en orbite afin de mieux observer)

Ces sept séquences sont les maillons d'une seule chaîne. Chacun a son importance. Celui qui vous paraîtra le plus faible risque, s'il est mal traité, de fragiliser l'ensemble !

Cette présentation en 2 minutes est en outre le meilleur moyen, en fixant l'attention de votre interlocuteur sur ce qui compte dans votre parcours, d'éviter, dans la mesure du possible, les points faibles (manques éventuels de compétences, temps morts, périodes de chômage, etc.).
C'est le moment ou jamais de relire ce que je vous ai dit dans l'encadré « Les ingrédients d'une bonne histoire » (page 125).

1. Le « chapeau » ou comment poser le décor de votre personnage

C'est un point particulièrement important. C'est aussi le plus complexe. Il doit donc être travaillé savamment !
Ce fameux « chapeau » constitue à la fois l'introduction de votre présentation, l'armature de votre discours et son habit. En lui se trouve le corps principal du contenu de ce discours. Il traduit aussi l'originalité de ce que vous allez dire. Il aborde tout : le passé, le présent et le futur. Il contient également le décor dans lequel vous évoluez : votre fonction, votre secteur, votre milieu… Il est enfin le reflet de vos talents et exprime votre style !

Tant de choses dans ce chapeau… ? Mais au fait, ce chapeau, c'est quoi ? **Il s'agit d'une petite phrase de nature synthétique qui va permettre de débuter votre présentation en « posant » le personnage que vous êtes.**

Ce chapeau cherche à installer votre interlocuteur dans une histoire, la vôtre, avec cependant ceci de particulier : vous allez donner à votre interlocuteur les clés pour « entrer dans votre monde », pour lui en faciliter la compréhension.

Il y a dans ce « chapeau » quelque chose qui ressemble à ce qui ressort souvent du talent du conteur, celui qui sait « *transmettre le sens sans le définir*[16] ». Ce sens, c'est celui de votre histoire. Une histoire faite avec suffisamment d'humanité pour qu'elle soit intéressante. Comme ces histoires d'hommes qui savent « prendre aux tripes » tous les publics d'où qu'ils viennent en raison de leur caractère universel.

Ce chapeau doit viser un angle d'attaque à la fois classique mais aussi innovant et distinctif. **Classique** parce qu'il faut d'abord rassurer, ne pas faire peur au démarrage. **Innovant** et **distinctif** parce qu'il doit contenir un peu de piment et d'originalité afin de trancher avec les présentations banales auxquelles on a droit généralement !

Voici un bel exemple de chapeau réussi. Au démarrage d'un entretien, quelqu'un me dit : « *Je suis une spécialiste du repositionnement des marques dans le vêtement féminin.* »

Il y a tout
dans mon chapeau

Par cette petite phrase, une candidate rencontrée dans le cadre d'un « job speed dating », m'a immédiatement fait comprendre qui elle était. Tout y était dit en filigrane : le passé qui faisait deviner que cette candidate avait dû être confrontée à quelques repositionnements du même genre. On voyait aussi que cette expérience constituait le cœur de son expertise. Et on pressentait également l'avenir qu'elle envisageait : son projet consistait, compte tenu de son passé, à faire bénéficier une marque en difficulté de son professionnalisme en la matière !

Un tel chapeau est d'abord classique par ce qu'il évoque : le secteur, la fonction, la clarté du propos... Mais il est aussi innovant et distinctif parce qu'on sent tout de suite la spécialité, le succès obtenu et l'expérience. Enfin, on perçoit l'originalité des expériences vécues !

16. Geneviève BRISAC dans *Le Monde des Livres* du 22 décembre 2006 à propos de Karen BLIXEN et de son immense talent de conteuse.

Le chapeau de votre future présentation est une **synthèse** qui doit contenir l'ensemble de ce que vous représentez. Il ne doit cependant comporter aucune précision, aucun détail.

Attention, le chapeau n'est pas un **résumé** ! Celui-ci reprend, en plus court, le message ou l'histoire que vous souhaitez raconter en en respectant la structure. La synthèse permet au contraire de dire l'essentiel de votre histoire en seulement quelques mots, en faisant fi de l'idée même de chronologie.

Le chapeau est une *synthèse*, pas un résumé

Votre chapeau fait aussi office d'**introduction** à votre discours de 2 minutes. Il doit vous permettre de passer facilement aux autres étapes sans difficulté, sans transition. S'il y a vraiment quelque chose à savoir par cœur, c'est bien votre chapeau ! Il ne souffre aucune hésitation. Il doit être dit naturellement aussi bien que clairement, fermement et de manière articulée !

Voici deux autres exemples de chapeau.

Sébastien, jeune trader dont l'expérience lui paraissait un peu courte (trois ans) pour être ce senior dont le marché est si friand. Après avoir cherché quelque temps son chapeau avec une certaine difficulté, il arrive un jour dans mon bureau et, l'air heureux, me dit l'avoir trouvé : « *Dans moins de deux ans, je pourrai dire de moi que je suis un bon professionnel du trading d'options de change…* »

Une ouverture de présentation certes audacieuse qui entraîne d'entrée de jeu l'interlocuteur sur un projet… Pourtant, en commençant ainsi, il disait franchement sa jeunesse dans le métier tout en laissant entrevoir l'épaisseur de son début d'expérience. Il annonçait aussi clairement l'objectif ambitieux et cohérent qu'il visait de poursuivre son chemin dans la même voie que celle de sa première expérience.

Nicolas, chef de projet informatique, trouvant qu'il ne pouvait échapper à un chapeau banal, finit par dire ceci en observant délibérément quelque hésitation : « *Quelqu'un qui* *me connaît bien pourrait dire que je suis un professionnel complet de l'informatique capable de rejoindre le DSI d'un grand groupe. »*

Une ouverture ici classique, certes, mais qui en dit long sur la variété de l'expérience acquise et sur son intention de rebondir dans une fonction de second de DSI.

Trouvez votre raccourci !

MON CONSEIL : pour trouver cette phrase, il faut avoir beaucoup travaillé sur soi. Si l'on n'a pas pris le soin de formaliser de manière précise ce que l'on fait, ce que l'on sait faire et ce que l'on aime faire, on risque fort d'être à court de matière et de sucer longtemps son crayon ! C'est pourquoi il faut passer d'abord par la case deuxième partie. Servi au début du discours de présentation, ce chapeau est en réalité la résultante de tout un travail sur soi.

Il faut écrire cette phrase de la manière la plus claire possible avec un message suffisamment fort. Et du **style** ! C'est un vrai exercice de littérature ! Comme en littérature, trouvez la bonne formulation de ce « raccourci » de votre parcours et de votre projet. Un raccourci dont l'objectif est de frapper l'esprit de votre interlocuteur ! Les voies pour la trouver sont ouvertes : peut-être la trouverez-vous en sortant du sujet avec, selon les cas, l'utilisation d'une métaphore ou d'un autre support ou peut-être la trouverez-vous en restant au contraire très concret. Surtout faites comprendre en un éclair qui vous êtes en choisissant la bonne introduction ou la bonne annonce !

Dans l'art graphique, l'idée qui se rapproche le plus de celle de ce raccourci se trouve chez les dessinateurs des quotidiens ou des magazines, comme PLANTU dans *Le Monde*, CABU dans *Le Canard enchaîné* ou encore SEMPÉ dans *Paris Match*. En quelques traits, ils arrivent à capter l'actualité ou des faits de société de manière fulgurante. C'est un peu la même idée que celle que je vous suggère : capter d'un trait l'essentiel de ce qui vous caractérise sur le plan professionnel !

Le chapeau est **structurant** : bien travaillé, il va vous obliger à développer votre histoire de manière structurée. Une fois annoncé, ce chapeau appelle les étapes suivantes : retour sur le passé avec un peu de chronologie, un peu d'insistance sur les expertises, exemples pour prouver, etc.

Le piège !

En tout état de cause, le chapeau permet d'éviter un piège dans lequel tombent le plus souvent ceux qui se livrent à cet exercice de se présenter rapidement : **vouloir tout dire** en peu de temps. C'est l'erreur majeure souvent commise et qui est, pour l'interlocuteur, une vraie source de confusion. Ceux dont la présentation est encore à ce stade doivent prendre conscience qu'ils n'ont pas encore produit suffisamment de travail sur eux-mêmes pour atteindre cette nécessaire prise de recul sur leur passé qui, seule, permettra de rendre leur discours intelligible aux autres !

Par son effet structurant, le chapeau va en outre vous obliger à vous cantonner à l'essentiel du message qu'il aura délivré :

– dans la **recherche d'emploi** où il est bon de rester cohérent tout au long de la présentation avec ce qui aura été dit dans le chapeau,

– dans une **démarche commerciale** aussi où il sera judicieux de rester dans le message initial annonçant votre professionnalisme.

CONTRE-EXEMPLES DE CHAPEAU LORS D'ENTRETIENS PROFESSIONNELS	MON COMMENTAIRE
• « *Mon nom est…, j'ai 43 ans, je suis marié et j'ai trois enfants…* »	• Qui peut s'intéresser à ce genre de détails au démarrage ?
• « *Je suis directeur de… et j'ai bâti ma carrière sur…* »	• Vous n'êtes pas une fonction ! Ce n'est pas ceci qui vous caractérise ! Qui peut s'intéresser à une histoire qui commence ainsi ?
• « *Je suis sorti major de… en 1980…* »	• Ceci peut être intéressant si vous sortez de l'université, pas si vous avez 15 ans d'expérience… !

• *« J'ai tant de choses à dire me concernant que je ne sais pas par quoi commencer… Ce d'autant plus que j'ai eu de nombreuses expériences, traversé nombre de secteurs et eu beaucoup de fonctions… »*	• Après une introduction pareille, on a déjà envie de s'endormir ! Bref, ça commence mal : soyez direct, davantage dans le concret, pas dans la banalité vague qui ne raconte rien sur votre histoire individuelle !
• *« Je dois vous avouer que dans mon parcours, j'ai hélas pas mal de trous… j'ai été licencié une fois puis je me suis arrêté quelques temps au moment de mon divorce… »*	• Se tirer une balle dans le pied reviendrait au même… ! Revoyez votre copie avec l'idée de faire ressortir d'abord les aspects positifs !
• *« J'ai commencé ma carrière à la SNCF en 1983, j'ai été embauché comme jeune diplômé, j'ai fait trois mois de stage au siège et j'ai été ensuite "baladé" dans tous les services opérationnels pendant environ six mois, en fait sept mois car mon patron de l'époque, polytechnicien marié à une Soudanaise avec sept enfants dont l'un… »*	• Au secours ! Que de détails inutiles ! En tout cas à ce stade ! Parlez plutôt de vous et de ce que vous savez faire !

Si votre tendance est proche de ces chapeaux, relisez vite le chapitre précédent et tirez-en les enseignements !

En ce qui concerne la vie plus personnelle, quelques contre-exemples sont proposés plus loin dans la partie « Comment parler de soi en quelques secondes ? ».

2 – Un peu de chronologie pour comprendre le parcours, la trajectoire, le « fil rouge » de votre carrière

Vous venez de planter le décor général en annonçant votre chapeau.

Soyez maintenant plus concret en abordant deux ou trois points de votre parcours que vous évoquerez avec un peu de chronologie.

Cette étape doit en effet vous permettre de faire comprendre votre trajectoire. C'est-à-dire faire ressortir la **logique** de votre parcours. C'est ce qui va donner du sens à votre discours. Votre parcours peut en effet avoir rencontré des cassures, des difficultés, voire être passé par des chemins de traverse dont la narration sera difficile si vous vous cantonnez aux stricts éléments chronologiques.

Or vous n'êtes pas obligé de tout raconter. Surtout à ce stade. D'autre part, vous n'êtes pas dans un exercice de justification : ce qui vous est demandé au début de votre présentation, c'est de faire comprendre l'essentiel et non la totalité. Ne l'oubliez pas !

Quel est le « fil rouge » de votre trajectoire ?

Et même si votre parcours est chaotique, il a sa logique, son « fil rouge » qui doit être mis en avant afin de faire comprendre le reste de votre présentation : quelle est l'évolution de votre histoire professionnelle, d'où êtes-vous parti ? pour arriver où ?

Ce « fil rouge », faites-le ressortir en évoquant de manière brève les deux points suivants : les **éléments majeurs** de la chronologie de ce parcours et **l'expérience distinctive** que vous en avez tirée.

Votre parcours avec un peu de chronologie : rappelez quelles sont les deux ou trois grandes étapes qui marquent franchement votre cheminement. Attention : à ce stade, il s'agit de grandes têtes de chapitre au travers desquelles on pourra percevoir, par exemple, les sociétés dans lesquelles vous avez travaillé. Efforcez-vous d'en citer au moins une avec un succès et qui va vous démarquer des autres. Vous devez chercher à **étonner** ou bien **intriguer** votre interlocuteur. L'évocation de ce succès interviendra comme un début de preuve de votre professionnalisme. Il doit commencer à faire saliver !

Là, on est dans le résumé ! Évitez d'entrer dans le détail ! À ce stade ce n'est pas ce qui vous est demandé.

Si vous êtes interrompu par une question (et vous risquez de l'être si vous avez su étonner, intriguer...), poursuivez votre discours tout en disant : « *Je vais répondre à votre question, juste après...* » Ceci dit, notez-le et n'oubliez pas d'y répondre !

Vous devrez aussi évoquer les secteurs dans lesquels vous avez acquis de l'expérience, les grands domaines d'intervention dans lesquels vous êtes supposé être un « maître » ou plus simplement quelqu'un qui connaît bien le sujet.

Sachez enfin parler des fonctions majeures que vous avez eues.

C'est une étape pour mettre en appétit !

Quel que soit votre niveau hiérarchique, vous avez des choses intéressantes à raconter. Faites-le en vous contentant, à ce stade, de les annoncer. N'épuisez pas vos munitions tout de suite ! **Suscitez l'envie** de votre interlocuteur d'en savoir davantage !

Exemples :

1. <u>*Un ingénieur*</u> *: « Mon parcours, c'est en quelques grands traits : dix ans dans le BTP chez X et huit ans dans le high-tech chez Y avec un point commun : la direction de grands projets de développement et d'infrastructures prestigieuses. »*

2. <u>*Une assistante*</u> *: « Mon parcours, c'est cinq ans consacrés à assister au quotidien des directeurs d'activités ou des décideurs chez X. Et depuis six ans, j'ai évolué vers une fonction d'assistante commerciale auprès d'un réseau international de distribution de vendeurs chez Y avec la mise en place de quelques belles innovations dans la gestion administrative et le reporting des résultats. »*

3. Les domaines d'expertise et les exemples

Les domaines d'expertise

Ce troisième point est un point de synthèse dans cette présentation.

Son objectif est double :

– Cimenter votre discours en fixant ses deux ou trois idées essentielles, en synthétisant les moments les plus révélateurs de votre parcours qui illustrent les points forts de votre offre d'expertises. Ces expertises sont celles que vous souhaitez qu'il retienne.

– Aider votre interlocuteur à soutenir son effort d'attention sur les deux ou trois points principaux qui font l'originalité du mélange de vos savoir-faire en général (deux valent mieux que trois).

Ce n'est pas un autre chapeau. C'est plutôt ce qui en constitue les fondations. Ce qui importe ici, c'est de livrer les secrets qui ont fait votre chapeau. C'est-à-dire les connaissances, les savoir-faire, les compétences acquises et les expériences majeures qui ont produit, en les mêlant, votre caractère distinctif.

C'est ce qui fait l'épaisseur de votre personnalité professionnelle. C'est le sommet de votre art ! Et c'est ce qui va faire comprendre qui vous êtes et qui va rassurer ! Votre interlocuteur doit comprendre que ces expertises, vous aurez à cœur de les faire revivre ou re-fonctionner dans un autre contexte, de les mettre au service des besoins du marché.

Songez en permanence à *votre* marché !

Votre interlocuteur devra en effet comprendre pleinement : « *C'est un professionnel de ce domaine, de cette technique et de ce marché.* » À la suite de quoi, qu'il s'agisse d'une recherche d'emploi ou d'une démarche commerciale, votre interlocuteur devra se sentir, sans que ceci soit dit, naturellement sollicité (par vos soins) sur la question suivante : « *Quelles sont vos propres connexions avec le marché dont je viens de vous parler ?* »

Cette expertise, vous devez faire en sorte qu'elle corresponde à une attente avérée du marché. En l'annonçant, elle doit frapper l'esprit de votre interlocuteur par son évidente adéquation avec ce marché, par son côté innovant et attrayant. C'est votre valeur ajoutée !

Elle peut être classique et couvrir un besoin traditionnel (l'important est de faire comprendre et non forcément d'innover à tout prix). Elle peut aussi apparaître comme une valeur ajoutée rare, par exemple à la conjonction de deux compétences qui ont peu à voir entre elles, ou bien au carrefour de deux secteurs de marché hybrides.

Ce domaine d'expertise est destiné à fixer l'esprit de votre interlocuteur sur l'essentiel de ce que vous voulez qu'il retienne. C'est pourquoi il convient de ne pas livrer trop de domaines d'expertise même si vous en possédez plusieurs ! Si tel est le cas, les occasions se présenteront plus tard où vous pourrez faire montre d'autres domaines d'expertise dans lesquels vous excellez. Notamment lorsqu'il s'agira de préciser telle ou telle expérience vécue. À ce stade de précision, votre interlocuteur sera sans doute déjà convaincu de l'intérêt que vous représentez.

Exemple de la structure du message qui doit être énoncé :

« Je suis porteur de telle ou telle ***connaissance technique****, je connais parfaitement tel ou tel* ***secteur*** *pour lequel j'ai de* ***l'intérêt****, je dispose de telle ou telle* ***expérience****. La conjonction de tel ou tel de ces points fait que je dispose de telle ou telle* ***expertise****. »*

Montrez que vous dominez votre sujet… !

Votre objectif doit être, dans la mesure du possible, de montrer que vous maîtrisez parfaitement **votre domaine**. Prouvez que vous avez ce recul qui vous permet de faire comprendre son évolution dans le passé comme dans le futur (le secteur, les produits, les techniques, les clients).

Les exemples

Cette fois, vous devez passer à une étape plus concrète. Vous venez d'affirmer un certain nombre de caractéristiques de votre personnage professionnel, **c'est le moment de prouver** !

En effet, rien ne peut mieux convaincre qu'un bon exemple venant illustrer ce que vous venez d'affirmer.

Sachez donc apporter ce dernier « tour de vis » de sécurité sur ce qui fait votre valeur ajoutée en étayant votre discours par un ou deux exemples d'expériences vécues.

Orientez la lumière sur votre expérience avec deux réalisations majeures racontées de manière concise : concentrez votre discours sur ce qui fait le fond de votre valeur professionnelle. C'est-à-dire sur ce qui est le plus avantageux dans ce que vous avez à offrir. C'est l'équivalent de l'avantage majeur d'un produit que le vendeur va mettre en avant ! Évoquez un argument (et pas deux) ; souvenez-vous que votre interlocuteur a besoin d'être accompagné dans son effort de compréhension des choses. Si vous lui servez plusieurs arguments, il se perdra… Une fois l'argument annoncé, donnez-lui des preuves avec **un ou deux résumés de vos réalisations**. Celles-ci viendront corroborer ce que vous avez annoncé précédemment. Ces preuves vont devenir des éléments majeurs de votre argumentation : faites en sorte que ce soit elles qui soient retenues. Pour convaincre, elles doivent être concrètes, parlantes et susciter le désir d'en savoir davantage !

Ne parlez que de vos succès et de vos points forts !

Et là, seul le **succès** intéressera votre interlocuteur ! Ce sont des réussites qui sont attendues et non des échecs. C'est la clé du pouvoir !

Et afin de vous convaincre de l'intérêt de cette mise en garde, qu'il vaut mieux par conséquent dans votre présentation faire envie que pitié, écoutez ceci : « *La pensée fuit le malheur aussi promptement, aussi irrésistiblement qu'un animal fuit la mort*[17]. » Le succès raconté vaut définitivement mieux que l'insuccès.

Ces succès, évoquez-les de la manière la plus concise mais avec juste quelques détails concrets sur les résultats (des chiffres, des résultats en pourcentage, des gains de temps obtenus, etc.).

Servez-vous des **résumés** de vos réalisations (voir la deuxième partie : « Parler de soi : bonne nouvelle, ça s'apprend ! ») et non de la réalisation in extenso. À ce stade, la réalisation complète serait trop longue et prématurée.

Voici deux exemples :

1. <u>Un ingénieur</u> : « *J'ai, par exemple, dirigé de A à Z le chantier de construction de… Celui-ci a été réalisé en six mois et j'ai réussi à rester dans le budget initial de 80 millions d'euros !*

2. <u>Une assistante</u> : « *J'ai, par exemple, mis en place un système de reporting des résultats mensuels à la direction commerciale de X. Ce système a permis une gestion beaucoup plus précise et fiable du développement des opérations commerciales et un gain financier correspondant à trois jours travaillés par mois.* »

17. Simone WEIL, *Attente de Dieu*, Fayard, 1966, page 99.

4. Rappel de la formation initiale

Lorsque cela est utile, rappelez qui vous êtes sous l'angle de la formation initiale ou celle qualifiante acquise durant votre parcours.

C'est seulement à ce stade qu'il convient d'en parler. Ce rappel doit servir d'appui à votre présentation. Si vous êtes ingénieur par exemple, cela présente de l'intérêt de le savoir dès lors que votre projet s'inscrit dans une fonction supposant une réelle capacité d'analyse des situations à prendre en compte avant de les faire évoluer avec des solutions complexes. Et, dans ce cas, on peut comprendre qu'il ne faille pas trop attendre pour le dire.

Mais dans la majorité des cas, pourquoi attendre ce moment pour l'annoncer ?

Parce que ce n'est pas un élément déterminant surtout si votre carrière est déjà bien fournie. Ce qui fait votre distinction, c'est davantage ce que vous avez fait et ce que vous faites que ce fameux diplôme que vous avez obtenu il y a déjà quelque temps et qui peut-être ne produira pas le même effet attendu qu'au temps où vous étiez jeune et beau... ! Bien sûr, le prestige de certaines écoles est un élément important à rappeler. Mais vous n'impressionnerez personne avec de beaux diplômes et une expérience sur laquelle vous n'avez pas grand-chose à dire d'intéressant.

C'est pourquoi, à ceux qui ont déjà de l'expérience, je recommande de respecter cet ordre d'apparition de leur formation. Ceci ne sera pas le cas pour un jeune tout frais sorti de son école qui, bien évidemment, tirera avantage à mettre rapidement son diplôme en avant.

5. Le projet

Ce point va constituer une rupture dans votre discours.

Vous étiez jusqu'à présent dans le passé. Avec le projet, vous allez aborder le futur.

Ce faisant, le risque est grand d'une baisse d'attention de la part de votre interlocuteur : jusqu'alors, son attention était soutenue par des éléments concrets, imagés, faisant référence dans la mesure du possible au contexte de l'interlocuteur à quoi il pouvait continuellement se raccrocher.

Avec cette étape, vous l'embarquez dans quelque chose qui n'existe pas encore, qui est d'abord et avant tout dans votre esprit et non dans le sien et qui est, à ce stade, peut-être encore un peu flou, de l'ordre de l'idée…

Et pourtant, ce moment est stratégique car :

– si son attention vous quitte à cet instant vous n'avez aucune chance d'obtenir une aide de sa part. Faute d'une excellente compréhension de ce projet, il se retrouvera dans cette fameuse situation de confusion dont l'effet panique plus qu'il ne rassure et qui, du coup, n'invite guère à la mobilisation,

– si, au contraire, vous réussissez à réactiver son attention en donnant à votre interlocuteur de quoi aller du passé (dont vous venez de parler) vers l'avenir (dont vous voulez parler), alors vous êtes sur le bon chemin.

Pour une bonne transition entre le passé et l'avenir, rendez votre interlocuteur acteur !

Ainsi, comme pour le chapeau de votre présentation, vous devez trouver une phase de synthèse pour ouvrir cette étape vers une nouvelle perspective. Une phrase qui ne doit pas s'écarter de ce que vous venez de dire sur le passé mais plutôt le prolonger et marquer de la cohérence avec ce qui précède !

Afin d'assurer une bonne transition, le mieux est de **mobiliser votre interlocuteur** et de le rendre acteur ; acteur du cheminement de votre pensée, de votre discours. Pour assurer une bonne transition, soyez questionnant à l'encontre de votre interlocuteur sur ce futur que vous allez évoquer. Il vous faut en effet savoir poser des questions comme celles-ci : « *Quelle est mon idée ?* », « *Quel est le poste que je vise ?* », « *Quelle est l'activité que je veux mettre en place ?* », « *Quel est l'objectif que je poursuis ?* », « *Que sera mon entreprise dans cinq ans ?* »

Ces questions, supposées être celles que se pose votre interlocuteur à ce moment-là, sont un bon moyen de vous permettre de recentrer son attention sur votre sujet. Aussi n'attendez pas de réponse de votre interlocuteur et sachez enchaîner immédiatement sur ce fameux projet.

Dans un premier temps, le message sur votre projet doit être synthétique. Il sera précisé dans un deuxième temps.

Vous devez surtout livrer à votre interlocuteur deux éléments de cohérence pour mieux convaincre :

– cohérence de ce projet avec ce que vous avez déjà dit sur vous (sur vos compétences, vos intérêts, vos motivations),

– cohérence de ce projet avec le marché.

Une double cohérence dans votre discours !

En d'autres termes, votre interlocuteur doit comprendre que votre projet « vous va comme un gant » (vous le possédez parfaitement et tout ce que vous en dites respire l'harmonie avec ce que vous êtes). Par ailleurs, ce projet s'inscrit à l'évidence dans les attentes et les besoins du marché. Si votre projet est un projet de développement comme, par exemple, lancer une activité nouvelle, votre offre doit être « tendance » et donner l'impression que les clients font déjà la queue… !

VOICI SIX EXEMPLES DE PROJET ÉNONCÉS

Exemple n° 1 : une chargée d'études comptables, experte des nouvelles normes

Quelle est mon idée ? Rejoindre un groupe qui souhaite profiter de l'intégration des nouvelles normes comptables (IAS IFRS) pour harmoniser toutes les procédures comptables des filiales du groupe.

Exemple n° 2 : un chef d'entreprise de nettoyage industriel qui a déjà un fonds de commerce établi

Mon idée : étendre l'offre de produits actuelle faite aux clients en leur proposant d'autres services connexes (le nettoyage des claviers d'ordinateurs, l'entretien et le renouvellement des plantes, etc.).

Exemple n° 3 : une assistante
Quel est mon projet ? Rejoindre une équipe de direction RH qui souhaite développer un lien plus fort avec les opérationnels de l'entreprise et les collaborateurs.

Exemple n° 4 : un développeur dans le domaine des systèmes d'information
Quel est l'objectif que je poursuis ? Accompagner le développement d'une gamme de produits de sécurisation des systèmes d'information auprès des PME de moins de 300 personnes.

Exemple n° 5 : un nouveau collaborateur arrivant dans une entreprise
Donc quel est mon projet ? Réussir à bien intégrer l'équipe X que je m'apprête à rejoindre en lui apportant l'expérience que j'ai acquise au sein du groupe Y et en bénéficiant en même temps de son expertise. C'est grâce à ce mélange d'expériences qu'on pourra passer du stade V au stade W...

Exemple n° 6 : un commercial face à un prospect
Quelle est mon idée ? Conquérir de nouveaux clients significatifs dont votre entreprise fait partie. C'est la raison pour laquelle j'ai souhaité vous rencontrer et faire plus ample connaissance.

6. Et moi dans tout ça ?

Parfois les présentations sont par trop professionnelles. Tous les éléments du métier s'y trouvent, tout est « clean », logique et parfaitement compréhensible... Mais il manque une pièce essentielle, qui porte tout et sans laquelle tout ce que vous avez abordé précédemment n'existerait pas : vous « dans le civil » !

Je me souviens de Pierre R. que j'ai accompagné dans son retour à l'emploi et qui ne parlait jamais de lui sur l'aspect personnel. Non seulement il présentait un parcours professionnel d'exception fait de succès répétés et dont la lisibilité était excellente mais celui-ci correspondait à l'évidence aux besoins du marché. Et pourtant, omettant totalement de parler de lui à titre personnel, il avait du mal à conclure.

Sachez évoquer une partie de votre jardin secret !

On ne peut en effet rassurer personne si l'on n'a pas aussi abordé cet aspect plus personnel de son personnage. Souvenons-nous que pour rassurer, nous devons produire quelques éléments de notre personnalité qui vont convaincre de notre équilibre général. C'est la raison pour laquelle je vous invite à ne pas éviter ce sujet. Bien au contraire, sachez quitter le côté professionnel sérieux en allant vers des éléments qui le sont moins (en apparence) mais qui vont enrichir la perception de vos interlocuteurs et leur apporter de quoi se reconnaître dans ce que vous dites de vous. Eux aussi ont leur jardin secret et, en leur livrant une parcelle de ce qui vous anime, vous les rendez du même coup plus humains. Vous les invitez ainsi à se rapprocher de vous !

Pierre R. était, qui plus est, un homme d'ordre et de chiffres, remarquable dans son domaine mais dont la droiture et le grand professionnalisme laissait deviner un caractère peut-être un peu trop rigide… Pourtant, il ne l'était guère, étant « dans le civil » de longue date féru de danse orientale. Il savait en plus vous en parler de manière si savante que, si l'on n'y prenait garde, il faisait de vous un nouvel adepte de cet art !

Par la suite, c'est avec bonheur qu'il utilisa dans ses présentations cet argument formidable d'équilibre de son personnage professionnel. Avec un soin particulier pour détendre l'atmosphère, il n'hésitait pas à l'issue de la présentation de son projet à dire : « *Voilà, jusqu'à présent je vous ai parlé de domaines strictement professionnels certes un peu rigides… mais sachez que sur le plan personnel, je suis marié, j'ai trois enfants et que je suis un adepte de danse orientale !* » En disant ceci, il attendait avec gourmandise la question qui ne manquait pas d'arriver… « *Et c'est quoi la danse orientale… ?* »

Vous noterez que, généralement, les aspects personnels arrivent souvent au début des présentations, notamment dans les entretiens d'embauche : « *Mon nom est XY, j'ai 40 ans, je suis marié et j'ai trois enfants, etc.* » Selon moi c'est une erreur ! On ne peut raisonnablement espérer intéresser de prime abord quelqu'un que l'on ne connaît pas avec des arguments aussi insipides ! Comme le disait

Françoise GIROUD, si dans un article vous avez quelque chose d'intéressant à dire, dites-le dans les premières lignes et n'attendez pas pour le dire que le lecteur vous ai quitté… !

Ceci dit, parler des aspects personnels n'est nullement une obligation : on peut parfaitement ne pas aborder cette question dans cette courte présentation et la laisser pour d'autres occasions (d'autres rendez-vous ultérieurs par exemple). Surtout si vous considérez que vous n'avez vraiment rien d'intéressant à dire ! Mais préparez-vous quand même à devoir le faire. Un jour ou l'autre, vous serez questionné sur ce sujet et n'en serez que plus fort pour y répondre.

RECOMMANDATION IMPORTANTE AVANT DE PASSER AU POINT SUIVANT

Je vous suggère, une fois la composition de votre discours faite, de **l'apprendre par cœur**. C'est-à-dire d'atteindre ce degré de maîtrise qui fait que quoi qu'il puisse arriver, vous ne manquerez jamais de vous y retrouver. Vous pouvez en effet être interrompu par une question, un événement peut survenir qui chamboule le cours tranquille de votre discours… et vous entraîne dans la perte de vos idées. Vous vous mettez soudain à bafouiller et, patatras ! vous vous prenez dans les rets du manque d'inspiration ou bien dans le torrent d'une idée qui passait par là et vous entraîne ailleurs en oubliant l'essentiel… !

C'est la raison pour laquelle je vous invite à bien connaître votre discours. Mais ceci pourtant ne suffit pas. Il vous faut passer, après le « par cœur », au deuxième stade : celui du **retour au naturel**. Laissez-le revenir et reprendre ses droits. C'est ceci qui va faire que vous serez vous-même. C'est ce par quoi passe le bon comédien. D'abord, il faut s'imprégner du texte pour le faire sien et ensuite laisser le personnage interprété reprendre le dessus.

En d'autres termes, apprenez à dominer votre discours afin que, dans un deuxième temps, votre personnage se mette à le conduire de main de maître, naturellement en somme !

Rien, décidément, ne remplace le travail et, en la matière, rien ne vaut l'entraînement !

7. La mise en écoute (ou comment se mettre en orbite vis-à-vis de votre interlocuteur afin de mieux l'écouter et de mieux le comprendre)

Cela peut paraître paradoxal, mais cette étape est l'une des plus importantes lorsqu'on est amené à parler de soi.

Elle va assurer la transition entre votre présentation et l'écoute de votre interlocuteur que vous allez provoquer. Et au cours de cette écoute, vous allez paradoxalement continuer à parler de vous !

Un bon moyen de parler de soi serait de se mettre à écouter l'autre ? Comme le dit Marivaux : « *Bien écouter, c'est presque répondre...* »

<u>Explication</u> : un des bons moyens de valoriser votre prestation est de s'intéresser à votre interlocuteur, à son activité, à ses préoccupations. Si vous vous contentez de parler de vous, vous ne risquez pas d'aller très loin. Pour cela, mettez-vous en écoute et cherchez à comprendre le personnage que vous avez en face de vous. C'est le moment de reprendre la question n° 2 : « À qui vais-je m'adresser et quelles sont les attentes de mon interlocuteur ? » (voir page 119).

Ceci doit permettre, dans un deuxième temps, d'argumenter avec conviction. Par vos questions, essayez de comprendre quelles sont ses connexions avec ce que vous avez pu évoquer précédemment sur vous. Si vous les repérez, vous n'êtes pas obligé de les formuler à ce stade. Contentez-vous de les enregistrer (en les notant). Vous aurez sûrement l'occasion d'y revenir.

En vous mettant en écoute de la sorte, vous allez non seulement vous enrichir au contact de cet interlocuteur mais, en approfondissant telle ou telle connaissance que vous aviez de lui, vous allez déclencher chez lui un regain d'intérêt pour vous. Ainsi votre effort d'écoute sera récompensé.

Vous trouverez un peu plus loin (« Comment poursuivre l'entretien après les 2 minutes ? » page 189) quelques exemples de moyens concrets à utiliser pour vous permettre de passer d'un stade de « parlant » à un stade d'« écoutant ».

Autre point important : cette mise en écoute, vous devez la faire démarrer dès le début de l'entretien. En effet, c'est le moment de vous souvenir des conclusions de votre inventaire de personnalité HERRMANN (voir annexe 2 en fin d'ouvrage).

En parlant de vous, vous devrez **communiquer à cerveau total**. En effet, en ne sachant pas à ce stade qui il est, vous optimiserez votre capacité à le toucher en parlant simultanément aux quatre quadrants de votre interlocuteur.

C'est ainsi que par une bonne observation, vous allez pouvoir collecter les informations dont vous pourrez peut-être profiter.

Voyons par exemple pour chaque étape de votre présentation en 2 minutes quel est le quadrant qui est atteint en premier lieu (chaque point évoqué peut en effet être orienté de manière à atteindre en même temps d'autres quadrants) et voyons dans un deuxième temps de quelle manière le toucher :

– Votre chapeau, par son caractère synthétique, sensibilisera un interlocuteur qui s'inscrit plutôt dans le quadrant D (le moi expérimental, projectif, imaginatif, ...). Pour donner du plaisir à celui-ci, il faudra le faire **rêver** et lui faire **découvrir des choses nouvelles**.

– La chronologie, la trajectoire satisfera davantage celui qui s'inscrit dans le quadrant B (le moi prudent, ordonné, procédurier). Pour donner du plaisir à cet interlocuteur, il faudra le **rassurer**. La logique de votre parcours satisfera elle aussi le quadrant A.

Communiquer à « cerveau total » vous mettra dans les meilleures conditions d'écoute !

– Les domaines d'expertise et les exemples rempliront d'aise un interlocuteur s'inscrivant dans le quadrant A (le moi rationnel, logique, réaliste...). Pour donner du plaisir à cet interlocuteur, il faudra le **convaincre**. Autres quadrants sensibilisés : le quadrant C par l'histoire contenue dans les exemples, le quadrant D par les résultats atteints.

– Le rappel de la formation s'adressera plutôt aux quadrants A et B.

– Le projet touchera en premier lieu celui s'inscrivant dans le quadrant D. Mais aussi ceux qui se trouvent dans les autres quadrants ; ceci dépendant de la nature des éléments livrés (un projet ayant un but humanitaire touchera davantage celui qui est un quadrant C ; à l'inverse, un projet très technique touchera davantage celui qui est un quadrant A).

– « Et moi dans tout ça ? » comblera d'aise le quadrant C (le moi ressenti) : cet interlocuteur, pour lui donner du plaisir, il faudra le **séduire**.

– La mise en écoute est le meilleur moyen d'atteindre les quatre quadrants dans la mesure où chacune des questions utilisées peut facilement s'inscrire dans l'un ou l'autre quadrant.

Concernant ce dernier point de l'écoute, souvenez-vous que chacun possède un profil avec un point d'ancrage plus ou moins élevé dans les quatre quadrants. Or, quel(s) est (sont) le (les) quadrant(s) dominant(s) de la personne que vous avez en face ? **Un bon moyen de le détecter est de repérer ses interrogations majeures**. Voici quelle est celle qui prime dans chacun des quadrants :

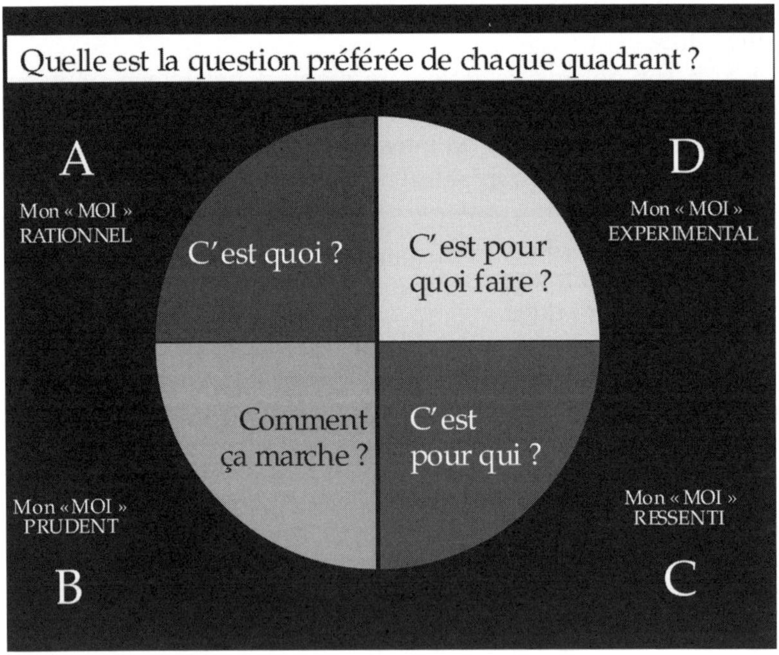

Quel est le profil de votre interlocuteur ?

Si ses questions tournent autour de l'idée de comprendre ce qu'est votre projet, de disposer des éléments complets d'analyse par exemple, nul doute que vous avez affaire à un dominant A.

Si les questions vous invitent à dire comment ça marche, quel est le mode d'emploi, quels sont les éléments techniques en jeu, vous êtes probablement en face d'un dominant B.

Si les questions tournent autour des aspects humains de votre projet, vous pouvez être à peu près sûr d'être en face d'un dominant C.

Si les questions tournent autour de l'utilité de votre projet (à quoi ça sert ?), sans doute êtes-vous en face d'un D.

Ainsi vous pourrez orienter votre message et vos réponses en fonction de ce que vous pressentez.

En pratiquant de la sorte vous aurez plus de chance d'atteindre votre interlocuteur, quel que soit son profil.

Dernier point concernant le rythme de votre présentation en 2 minutes : livrez les six premiers points de votre présentation en 2 minutes sur le bon rythme ! C'est un aspect qui relève de la forme, mais qui a son importance quant au fond. Ne les débitez pas à 200 à l'heure mais n'endormez pas non plus votre interlocuteur en prenant trop de temps. Trouvez le bon rythme, les bonnes ruptures de débit, imposez parfois un court silence, faites que votre voix suive le suspense de votre histoire avec harmonie et vie. Utilisez l'un ou l'autre des outils dont j'ai parlé dans « Comment être un bon communicant ? » en deuxième partie (page 117). Entraînez-vous pour ne pas être trop fixé sur le fond. Donnez-vous de l'espace pour intégrer des moments d'écoute. Quand vous parlez, observez ses réactions, ses étonnements, devinez les questions qu'il se pose et qu'il ne manquera pas de vous poser quand vous aurez fini… !

Nous reviendrons sur l'écoute qui suit votre présentation au chapitre suivant : « Comment poursuivre l'entretien après les 2 minutes ? »

Sept exemples dont vous pouvez vous inspirer

En attendant, voici sept exemples de présentations en 2 minutes qui peuvent vous servir comme modèles afin de composer la vôtre. Elles ne sont pas forcément conformes en tous points à la méthodologie proposée parce qu'elles sont directement tirées de la réalité. Mais elles sont claires et se tiennent. Elles montrent que si le modèle est nécessaire pour construire sa présentation (pour la plupart, les sept points traités précédemment y figurent), la composition donne, elle, de la liberté. Parmi elles vous trouverez tous les cas de figure :

– des gens en mouvement sur le plan professionnel (recrutement, mobilité, intégration),

– un chef d'entreprise en situation d'aller vers son marché,

– une femme de retour sur le marché du travail,

– une jeune diplômée qui cherche à se positionner pour obtenir un stage,

– etc.

Analyse critique

Exemple n° 1 : la présentation en 2 minutes d'une analyste financière

Un chapeau simple, clair, pratique et vrai

« Mon métier et mon expérience c'est l'analyse financière sur les marchés actions. C'est un métier que je connais bien.

On voit immédiatement les grandes étapes

Je l'ai exercé pendant 15 ans à la banque X, chez YZ et chez LK.

Elle donne clairement les deux expertises (j'aurais plutôt dit « la diversité dans ce métier d'analyste » car c'est rare de l'avoir fait des deux côtés !)

Je pense qu'il y a deux éléments marquants dans mon parcours : le premier, c'est la diversité et le deuxième, c'est mon goût pour les entreprises.

La diversité, puisqu'en fait j'ai eu l'occasion d'exercer ce métier en France puis trois ans en Grande-Bretagne ; que j'ai été analyste à la fois du côté investisseur et du côté inter-

médiaire. C'est ce qu'on appelle dans notre jargon, le « buy side » et le « sale side ». J'ai suivi des sociétés d'un peu toutes les tailles : de grands groupes nationaux comme L ou D… jusqu'aux PME qui entraient en bourse.

Tout ceci est concret, c'est parfait !

Et puis j'ai surtout beaucoup changé de secteurs. Je ne vais pas les citer tous : j'ai suivi des secteurs aussi variés que l'automobile, la cosmétique, l'électroménager…

Elle affiche clairement son intention : changer de côté !

Alors face à cette diversité, le deuxième point, le fil conducteur, c'est mon goût pour les entreprises : l'analyse financière pour son rôle d'interface avec les marchés financiers et les entreprises et, très clairement, mon centre d'intérêt a toujours été du côté des entreprises.

Donc à ma sortie d'HEC, j'ai commencé dans l'analyse financière un peu par hasard parce que je pensais que c'était formateur. Et puis en fait j'y suis restée par goût parce que j'ai découvert que c'était un outil qui permettait d'avoir un poste d'observation unique sur la vie des entreprises puisqu'on voyait les stratégies s'élaborer et se mettre en œuvre de façon plus ou moins réussie. Et puis, en tant qu'analyste notre métier, c'était d'avoir une opinion en temps réel d'action.

C'est clair, logique et ça respire le concret de l'expérience et l'intérêt personnel d'aller dans ce sens. C'est imparable !

Donc c'est prenant, fascinant mais ça donne aussi envie de faire autre chose et notamment de ne pas se contenter de ce rôle d'observation et de jugement mais de prendre une part plus active.

Donc aujourd'hui je cherche à rejoindre une équipe de capital investissement pour garder le côté qui donne accès à une grande diversité des situations mais aussi accompagner les équipes sur la durée en se mouillant vraiment à leurs côtés puisqu'on reste en général cinq ans.
Donc je pense que j'apporterai à cette équipe d'une part les compétences financières qui me rendent fiable et opérationnelle. Mais aussi une énergie qui vient du fait que je suis en train de changer de métier et que j'ai franchement envie de réussir ce virage…

Trois mots sur elle « dans le civil » qui vont bien avec le reste !

Sur le plan plus personnel, je suis mariée, j'ai trois enfants et j'attache beaucoup d'importance à l'équilibre qu'il faut trouver entre toutes ces activités. Ça nécessite d'être très organisé et plutôt dans l'anticipation, ce qui me va bien…

Une bonne façon de « passer le relais »

Avez-vous à ce stade des questions… ? »

Exemple n° 2 : la présentation d'un patron de start-up qui est en train de parler de son entreprise et de son offre…

Je vous propose de faire votre propre analyse de chacune des lettres qui suivent

« … quant à moi, avant de diriger cette entreprise, j'ai consacré ma carrière à la satisfaction des clients dans le domaine de la maintenance industrielle.
J'ai fait "mes classes" dans le groupe X où j'ai non seulement appris les fondamentaux de ce métier mais où j'ai eu la chance de suivre des chantiers d'envergure avec de forts

enjeux. Par exemple, j'ai fait partie de la petite équipe qui a obtenu que ce groupe X soit retenu pour l'opération Y dont toute la presse a parlé...
Après ça, j'ai été conduit à "prendre du galon" en intégrant le groupe Z. Là, j'ai dirigé, toujours au service des clients, une filiale spécialisée dans la maintenance industrielle.
C'est là que j'ai forgé, petit à petit, le projet de créer mon entreprise avec une offre innovante : j'avais en effet constaté que sur le sujet WW, il n'y avait qu'une offre très pauvre !
Je dirige cette entreprise depuis maintenant huit ans. Nous sommes en croissance et avons de solides perspectives devant nous grâce notamment à l'offre innovante que nous avons construite dont je vais vous parler aujourd'hui...
Mais avant cela, peut-être pouvez-vous en quelques mots nous parler de votre entreprise et nous dire qui vous êtes... ? »

Exemple n° 3 : la présentation en 2 minutes d'un ingénieur télécom

« *Ma force professionnelle, c'est la direction de grands projets de haute technologie. C'est-à-dire savoir faire réussir ensemble de grandes équipes, transverses, internationales pour délivrer des systèmes de communications et d'information sous fortes contraintes coûts/délais/qualité.*

Cette force, je l'ai acquise à travers mes 14 années d'expérience professionnelle dans l'aéronautique, les télécoms, la défense et le ferroviaire.

Après mon école d'ingénieur, j'ai d'abord passé un an chez l'institut de recherche X. Ensuite j'ai travaillé pendant 12 ans dans les télécommunications de sécurité chez Z en développement puis en management de projets et aussi un peu en marketing produits. Depuis deux ans, j'ai rejoint ZZ comme directeur de projet.

J'ai acquis des compétences approfondies en management de grands projets. Chez VV, j'ai mené avec succès le projet préparatoire à l'appel d'offre pour la Coupe du monde de 2006, ce qui représentait une équipe multi-compétences de 60 personnes et un budget de 18 millions d'euros. Chez ZZ, je suis responsable d'un portefeuille de projets de 60 millions d'euros. avec entre autres l'équipement des TGV et la ligne à grande vitesse Paris-Strasbourg.

Je peux apporter une double compétence technologique + business avec un background solide en systèmes de communications et d'information, et une bonne vision des enjeux économiques, renforcée récemment par un Executive MBA à l'école de commerce HH.

J'ai également une pratique du management en direct en tant que chef d'un service de 24 chefs de projet et ingénieurs systèmes chez ZZ.

J'ai une bonne expérience de l'international sur l'Europe, les États-Unis, l'Asie avec un allemand correct et un anglais bilingue.

En termes de relations clients, j'ai pu résoudre des conflits avec succès. J'ai aussi mené des négociations serrées dans le cadre d'achats stratégiques et de partenariats sous licence. En particulier, j'ai joué un rôle essentiel dans la signature du premier contrat de licence sur la gamme des terminaux professionnels entre TT Télécom et une société allemande.

Je cherche actuellement à quitter ZZ pour retrouver une atmosphère de travail dynamique et ouverte aux changements.

Mon objectif est la direction de grands projets, en avant-vente ou en réalisation de contrats, dans les industries et services de haute technologie. Je pense aux transports : aéronautique-ferroviaire-automobile, à l'énergie, électrique et nucléaire, à la défense, aux télécommunications.

Voulez-vous que je revienne plus en détails sur certains points ? »

Exemple n° 4 : la présentation en 2 minutes d'une experte en comptabilité

« Mon métier, c'est la comptabilité. Dans ce domaine, j'ai à peu près tout fait en 18 années d'expérience : contrôle externe, contrôle

interne, production comptable, rédactions de procédures, mise en place de normes et de réglementations comptable et fiscale.

Ma carrière s'est construite en trois étapes :

– six ans d'audit dans les cabinets X et Z, pour l'apprentissage des pratiques comptables et du contrôle interne,

– puis j'intègre la banque GG où en huit ans, je développe deux expertises : la consolidation et les produits de marché,

– enfin je donne un essor à ma carrière en devenant responsable du contrôle qualité comptable d'XYZ, en charge depuis quatre ans de la mise en place des nouvelles normes et réglementation et du contrôle interne.

Au fond, aujourd'hui je suis une professionnelle de l'analyse et de la mise en place des normes et règles comptables, qu'elles soient françaises ou internationales.

Mes expertises, ce sont :

– les normes comptables quelles qu'elles soient,

– le pilotage des projets comptables et celui des projets informatiques comptables,

– enfin le contrôle, notamment des produits complexes de marché.

Par exemple, j'ai conduit l'opération qui a permis à la banque X d'être parfaitement conforme sur le plan comptable, j'ai aussi piloté des projets d'envergure sur les volets informatiques liés aux normes IAS/FRS. J'ai aussi acquis de l'expertise sur la comptabilisation de toutes les typologies des produits de marché.

Je suis diplômée de l'école de commerce X… et expert-comptable.

Avec les 18 ans d'expérience que j'ai, je souhaite aujourd'hui entrer dans une institution financière qui chercherait à faire des progrès dans les domaines comptables avec un poste de chef de projet d'envergure.

Sinon, dans le civil, c'est plutôt famille, famille et encore famille… avec un plaisir tout particulier dans l'art d'organiser les week-ends, un repas dominical, j'aime que le temps soit bien rempli… ! Et avec trois enfants et mon mari, j'ai de quoi faire… !

Voulez-vous que je revienne sur l'un ou l'autre point… ? »

Exemple n° 5 : la présentation en 2 minutes d'une assistante de direction

« Je suis une assistante de direction. Je fais ce métier depuis de nombreuses années, j'ai eu la chance de travailler avec de fortes personnalités et on peut dire que j'aime ça !

Mon parcours c'est beaucoup d'intérim et quelques postes plus stables dans deux sociétés, XX et YY. C'est avec l'intérim que j'ai vraiment appris mon métier : j'ai, je crois, assuré une vingtaine de missions ! Puis il y a dix ans, j'ai décidé de me stabiliser. C'est là que j'ai intégré XX où je suis restée pendant cinq ans. Puis j'ai changé pour YY avec un poste plus exposé et davantage de responsabilités.

Ce que j'aime dans ce métier, c'est la variété et le fait qu'on est au carrefour de la vie d'une société. Je sais jouer à plein le rôle que l'on attend de moi : être ce pivot autour duquel toutes les informations arrivent et savoir les gérer avec tact et discernement. C'est cela que mon patron apprécie chez moi. Il sait que grâce à moi, il économise beaucoup de temps et peut se consacrer pleinement à ses tâches principales.

Mon projet aujourd'hui est de le remplacer car il va partir à la retraite. De ce fait, je suis à la recherche d'un autre défi, d'un autre duo avec un patron d'envergure qui m'apporte autant de satisfactions.

Souhaitez-vous quelques détails supplémentaires... ? »

Exemple n° 6 : la présentation en 2 minutes d'une femme qui souhaite retravailler après plusieurs maternités

« Si je devais synthétiser les 15 dernières années, je dirais ceci : j'ai fortement contribué à "organiser" ma famille. J'ai eu quatre enfants, je les ai élevés. J'ai été très proche de mon mari dans l'évolution de sa carrière (réussie d'ailleurs...). Au fond j'ai donné corps à tout cela en "coachant" tout ce petit monde et à ma façon !

C'est pour ça que l'idée de "reprendre de l'ouvrage" ne me fait pas peur. D'une certaine manière, j'aurais peut-être davantage de liberté... ! Et puis je ne suis pas restée inactive pendant tout ce temps : j'ai participé à plusieurs associations (scolaire, d'anciens élèves de mon école...), j'ai fait de nombreuses choses dont je ne suis pas peu fière : par exemple, j'ai organisé à plusieurs reprises avec succès des voyages avec des amis et tous nos enfants ; voyages dans lesquels j'ai été, à chaque fois, l'organisatrice et la logisticienne !

Je suis restée en phase avec l'évolution qu'a connue l'entreprise : par exemple, je maîtrise parfaitement les outils informatiques, je sais rédiger ; j'ai, je crois, un bon relationnel et, grâce à mon mari à côté duquel j'ai été très proche dans son évolution professionnelle, j'ai une bonne compréhension de la nature des problèmes de l'entreprise, sans pour autant en avoir une connaissance de l'intérieur.

Mon idée aujourd'hui est d'intégrer une entreprise plutôt de service et dans une unité tournée vers le client. Je pourrais lui apporter ce goût des autres que je possède, mon esprit organisé et un talent particulier pour les choses concrètes. Dois-je ajouter que je suis très, très motivée par ce re-démarrage dans la vie professionnelle… ?

Mais peut-être avez-vous des questions ? »

Exemple n° 7 : la présentation en 2 minutes d'un jeune qui veut obtenir un stage

« Mon nom est Louis…, je suis élève de terminale S au lycée de… et je cherche un stage après mon bac pour financer ma rentrée : mon projet est en effet d'intégrer une école d'ingénieur.

J'ai évidemment peu d'expérience professionnelle mais j'ai à mon actif d'avoir fait trois choses qui me rendent capable d'assumer une fonction de stagiaire dans une entreprise pour quelques mois : ma capacité à me débrouiller, mon goût de la science et enfin mon intérêt pour le monde de l'entreprise.

D'abord ma capacité à me débrouiller : je suis scout depuis l'âge de neuf ans. Ce qui m'a appris à me débrouiller. Mais aussi à partager des activités avec d'autres. Et depuis deux ans, je suis maintenant capable de diriger une petite équipe puisque je suis devenu chef de patrouille. Par exemple j'aime beaucoup participer au montage d'un camp depuis sa conception jusqu'à sa réalisation concrète avec tout ce qui a trait à la préparation des repas, des activités… Je l'ai fait à maintes reprises.

Et dans le même ordre d'idées, je suis depuis deux ans le parcours pour devenir moniteur de voile, ce qui, par bien des côtés, recoupe ce que je vis dans le scoutisme (la préparation, l'animation, la transmission des connaissances).

J'ai aussi un goût particulier pour la science : j'aime les maths, la physique et ce que j'aime par-dessus tout, c'est résoudre un problème. Je m'y exerce à mes heures perdues avec bonheur. Par exemple j'ai fait un travail sur la lettre pi qui m'a permis d'obtenir 17,5 en TPE (une note qui, au passage, compte pour le bac... !).

Enfin, j'ai de l'intérêt pour l'entreprise : la chose financière tout particulièrement ; j'ai d'ailleurs créé un club d'investissement avec quelques amis et nous commençons à faire nos armes. Mais je m'intéresse aussi à tout ce qui tourne autour des idées nouvelles, pour développer les énergies renouvelables notamment.

Voilà..., voulez-vous que je développe tel ou tel point... ? »

CHAPITRE 10

Comment poursuivre l'entretien après les 2 minutes ?

Deux étapes sont à respecter :

– proposer à votre interlocuteur de faire le même genre d'exercice,

– passer en mode de questionnement surtout si l'on considère que l'on est en face d'une opportunité, ou bien proposer d'être questionné sur le parcours présenté dans la présentation de 2 minutes afin d'aller vers la présentation de vos réalisations.

1. Proposer à votre interlocuteur de se présenter lui-même (en 2 minutes)

Vous venez de parler de vous en 2 minutes. Et vous souhaitez maintenant passer à un nouveau rôle, celui de questionneur.

À ce stade, votre interlocuteur vous a écouté et si votre intervention a été un succès, ça l'a mis en appétit. Mais pour l'heure, il n'a qu'une envie : celle de parler de lui aussi. Et ceci est vrai quels que soient la situation, le contexte ou l'interlocuteur.

Mais les chasseurs de tête, me direz-vous, ne voudront pas aller sur ce terrain : ils sont là pour vous évaluer et non pour parler d'eux… Erreur ! Ils sont comme vous : ils ont deux jambes et deux bras… et ils aiment parler d'eux comme tout le monde ! C'est même leur sujet favori ! Il faut un peu jouer avec le côté narcissique qui est en chacun de nous ; et personne ne vous en voudra de faire montre d'un peu de curiosité envers eux.

Mais pour autant, il vous faut aller sur ce terrain avec de l'adresse et savoir se montrer sincère quoi qu'il arrive.

S'il s'agit d'une rencontre ou d'un échange dans le cadre de la vie personnelle, on peut dans tous les cas, une fois la présentation de 2 minutes achevée, dans la foulée de ce que l'on vient de dire et après avoir marqué un instant de pause, lancer avec un regard intéressé : « *Et vous-même, quel est votre parcours… ?* » ; ou bien : « *Comment êtes-vous arrivé à la fonction que vous occupez aujourd'hui… ?* » ; ou bien encore : « *Pouvez-vous à votre tour me dire en quelques mots qui vous êtes* » ou bien encore « *Et vous-même, quelle est votre trajectoire… ?* »

Il faut dans ce cas veiller à bien faire comprendre que vous êtes sincèrement intéressé d'en savoir davantage sur votre interlocuteur. Et c'est pour vous d'autant plus important que c'est un excellent moyen de comprendre à qui vous avez affaire (quel est son genre de personnalité, quelles sont ses dominantes cérébrales ?), comprendre quels sont ses attentes, ses besoins. Et, s'il s'agit d'un recruteur, quel est son secteur de prédilection (ça peut vous servir par la suite s'il s'avère spécialiste d'un domaine qui vous intéresse… !).

Ce moment est stratégique car il va permettre la transition avec ce qui succède : l'échange. Il s'agit de passer en effet d'une phase en fait quelque peu passive : « *Je me présente* », à une phase vraiment active de recherche d'informations : « *Je questionne et j'écoute, je cherche à comprendre et à trouver des éléments sur lesquels je pourrais rebondir, des aspérités pour, dans une troisième phase, planter ma tente et y déployer mes arguments… !* »

S'il s'agit d'un entretien plus professionnel (un entretien de réseau, d'embauche avec un recruteur professionnel ou un chasseur de tête par exemple, avec un possible N + 1 ou bien encore un entretien commercial), c'est la même transition qu'il faut chercher à produire.

2. Passer en mode de questionnement si l'on considère que l'on est en face d'une opportunité (ou comment continuer à parler de soi en faisant parler l'autre ?)

C'est à l'issue de cette présentation brève de votre interlocuteur qu'il faudra utiliser pleinement l'art du questionnement dont nous allons parler.

Votre objectif est unique : il vous faut tout savoir de lui ! Et tant pis pour lui s'il en sait un peu moins sur vous... ! C'est un objectif qui vous permettra d'être le plus fort en fin d'entretien. En illustration de ce que je viens de dire, souvenez-vous du début du film *L'homme qui en savait trop* d'Alfred Hitchcock : un couple d'Américains avec leur jeune fils rencontre dans un autocar un Français à Marrakech. Entre les deux hommes un échange bref s'instaure à l'issue duquel le Français (joué par Daniel GÉLIN) sait tout de l'Américain (joué par James STEWART) qui, lui, ne sait strictement rien sur le Français. L'Américain va ainsi devenir, d'une certaine manière, la proie du Français.

Sachez produire une écoute de qualité qui soit centrée sur ce que souhaite l'interlocuteur. Ainsi vous parviendrez plus sûrement à vous vendre !

Les trois raisons de bien écouter !

Mais bien écouter ne sert pas seulement à **comprendre** le besoin de celui que l'on a en face de soi. Cela permet aussi de faire produire à l'autre davantage et mieux que ce qu'il aurait produit sans votre intervention. C'est cela l'art de la maïeutique socratique. C'est apporter à l'autre le moyen de **se valoriser lui-même** ! C'est comme cela que l'accouché que vous ferez de lui sera redevable à l'accoucheur que vous serez devenu et à son talent.

Enfin, cela permet, comme juste conséquence, de **se valoriser soi-même** aux yeux de l'autre. Par vos questions judicieuses et opportunes qui, toutes, chercheront à faciliter l'expression de la pensée de votre interlocuteur, vous allez lui « vendre » votre capacité à participer à la clarté de son propre discours, à la bonne expression de sa problématique. En choisissant les bonnes questions, en sachant rebondir astucieusement sur tel ou tel point du message de votre interlocuteur, vous ne faites pas qu'éclairer sa pensée, vous vous découvrez vous-même davantage, vous continuez à parler de vous et apportez ainsi de l'eau à votre moulin !

En procédant ainsi, vous vous mettez dans les plis de sa pensée. Cherchez à produire cette volonté de concentration qui va, pour ainsi dire, vous « ôter » de votre pensée et vous reporter exclusivement sur la sienne ! C'est cela, la vraie attention. C'est ouvrir le champ de sa conscience au point de s'oublier soi-même, de neutraliser sa propre pensée le temps de la phase d'écoute dans un entretien !

Sur ce sujet de l'attention je voudrais attirer la vôtre, le temps d'une réflexion sur quelque chose qui me paraît essentiel à comprendre dans le processus de cette phase d'écoute : ce qui rétrécit notre capacité à être attentif, ce qui vient la parasiter, c'est cette faiblesse que nous avons tous, faute d'attention suffisamment soutenue, à garder intacte notre pleine conscience au monde. Comme si, en permanence, notre propre pensée, notre capacité à juger, à créer, etc., venait brouiller la conscience et la vision que nous avons des réalités et des autres en reprenant le dessus. Avec pour mauvaise conséquence, une moindre qualité de l'échange.

D'une certaine manière notre inattention serait le signe du mal qui reste en nous, ce qui a pour conséquence de nous empêcher d'entrer en bonne relation avec les autres. Ainsi, « *chaque fois qu'on fait attention, on détruit du mal en soi*[18] ». Sans doute devrions-nous en prendre de la graine… Et nous dire en permanence qu'un peu plus d'attention aux autres, en fin de compte, nous profiterait davantage, comme une bonne action dont nous récupérerions un jour les bénéfices !

Enfin, et c'est peut-être cela le plus grand bénéfice tiré de ce processus empathique : le résultat de cette attention déclenchera en nous du désir. Un désir constitué d'un besoin de comprendre mieux et davantage. Avec, au bout de cet effort produit avec volonté, plus de lumière pour nous-même !

TROUVER LES BONNES QUESTIONS

Dans un entretien, le plus difficile quand on cherche à en savoir davantage, c'est de sentir, à un moment donné, que l'on est à court de questions. On est un peu dans la situation du chercheur qui ne sait pas ce qu'il recherche. Du coup il ne risque pas de trouver. Ainsi privé d'inspiration et d'intuition, il erre dans une réalité sans pouvoir s'y accrocher, pris dans un tourbillon d'incertitudes… !

> Des questions,
> des questions,
> toujours des questions... !

Combien de fois ne nous sommes-nous pas trouvés dans une telle situation : sans ce bagage de munitions de questions qui auraient pu relancer le débat et nous permettre d'en savoir davantage. Ainsi on se retrouve vite dans une conversation qui tend à s'essouffler… !

Et très vite on s'en veut de n'avoir pas eu l'idée intelligente ou la question judicieuse au bon moment ; celle qui nous aurait en quelque sorte « posé » et réhabilité aux yeux de notre interlocuteur. Et qui aurait, du coup, renforcé considérablement son attention.

Mais alors comment faire pour, dans de telles circonstances, trouver les bonnes questions qui vont alimenter la conversation ?

18. Simone WEIL, *Attente de Dieu*, Fayard, 1966, page 92.

Voici quelques outils d'écoute :

Premier principe : sachez manier les questions ouvertes et les questions fermées

Ceci afin de bien assurer la transition entre le « *je parle de moi* » et le « *je fais parler l'autre de lui pour mieux parler de moi ensuite… !* »

Comme indiqué plus haut, vous lui donnez la parole pour qu'il se présente. La question posée doit être une question ouverte qui va lui laisser toute latitude pour répondre.

Ce n'est qu'après que vous chercherez à utiliser des questions fermées pour cerner davantage votre sujet et atteindre l'objectif que vous poursuivez.

Rappel de la différence entre question ouverte et question fermée :

> Question ouverte ou question fermée ?

Une **question ouverte** offre un choix large de réponses et permet à l'autre de s'exprimer avec beaucoup de liberté. Exemple : « *Que pensez-vous de ceci ?* » ou mieux : « *À quoi pensez-vous ?* » L'intérêt de telles questions est qu'elles obligent à répondre. Le danger en revanche est qu'elles risquent de vous faire perdre le contrôle de l'échange. C'est la raison pour laquelle il faudra être vigilant et essayer progressivement d'utiliser des questions de moins en moins ouvertes.

Une **question fermée**, à l'inverse, permet un choix de réponses très étroit. Des réponses simples de type binaire. Exemple : « *Préférez-vous ceci ou cela ?* » L'intérêt de telles questions est d'obtenir des réponses précises quant au choix de votre interlocuteur. Le danger est d'assécher la discussion et de vous priver des moyens de rebondir.

Bien entendu, entre ces deux extrêmes, il existe une infinie variété de questions que vous devez utiliser afin de clarifier le propos !

Et afin de faciliter votre objectif qui reste d'en savoir davantage sur lui, voici un deuxième élément qui va vous permettre d'être plus fort dans votre questionnement.

Deuxième principe : utilisez des questions simples

Éloignez-vous définitivement de l'idée qu'une question géniale et d'une finesse absolue est la clé de tout. Bien au contraire, ce sont des questions simples qui vous feront comprendre progressivement quelles sont les attentes de votre interlocuteur.

Six questions imparables !

Voici six questions de bon sens destinées à relancer facilement le débat. Elles vont vous permettre surtout de mieux circonscrire votre sujet et d'atteindre votre objectif : **comprendre en obtenant les éléments concrets et précis pour construire une bonne réponse**.

– Quoi : de quoi s'agit-il exactement ?

– Qui : quels sont les acteurs en jeu ?

– Quand : quand tout ceci va-t-il se faire ?

– Combien : quelle est la quantité envisagée (quel chiffre d'affaires visez-vous, combien d'éléments, de produits, de capitaux, de collaborateurs, etc.) ?

– Où : où tout ceci va-t-il se faire ?

– Comment : comment comptez-vous vous y prendre pour faire aboutir votre projet, pour mettre en place la première étape, etc. ?

– À ces six questions s'en ajoute une autre en or pur et dont vous devez vous servir abondamment à la suite des premières questions :

Une question en or !

– Pourquoi : c'est une clé fantastique pour en connaître davantage sur ce que vous cherchez à savoir de votre interlocuteur. Elle va permettre à celui-ci, en renfort des six questions précédentes, d'en savoir davantage sur chacun de ces points.

Poser cette question « pourquoi » a un effet magique. Il est d'ailleurs curieux de constater à quel point on ne pense pas souvent à l'utiliser. Sans doute car il s'agit d'une question naïve, qui, croit-on, met le questionneur en position de faiblesse, d'ignorant incapable de compréhension des choses les plus élémentaires de la vie. Voire une question d'enfant en quête de savoir.

Or c'est tout le contraire : chercher à comprendre pourquoi est une pièce maîtresse du questionnement. Il va permettre d'affiner, de préciser, de valoriser, de motiver et de mettre du sens dans les actions que votre interlocuteur a engagées et dont il va vous parler.

Et mieux encore que le pourquoi. Le **pourquoi du pourquoi** ! Ne vous contentez pas en effet de la première réponse au pourquoi. Sachez, si vous avez le sentiment de ne pas posséder encore toutes les données du problème, poser la question « pourquoi » une deuxième fois.

La vérité sur le maniement du pourquoi est la suivante : c'est parce que, tous autant que nous sommes, nous avons tellement utilisé cette question lorsque nous étions enfants que, devenus adultes, nous ne savons plus la poser. Sans doute parce que le passage à l'âge adulte nous a fait, hélas, renoncer à ce moyen de satisfaire une bonne curiosité.

Nous n'osons plus exprimer ainsi notre incompréhension de tel ou tel point. C'est pourtant ce « pourquoi » qui, utilisé abondamment dans notre enfance, nous a permis de grandir.

L'âge adulte rend bien compliqué cet enfant simplement avide de savoir que nous avons été. Et, de manière absurde, ne sommes-nous pas guidés par cette pensée : « *Nous autres adultes, en reproduisant ce schéma propre à l'enfant, ne prenons-nous pas le risque terrible de passer pour des benêts… ?* »

C'est là le paradoxe : nous n'osons plus poser les questions simples dont nous avons pourtant besoin afin d'être plus forts dans nos réponses !

Souvenons-nous : « *Les grandes personnes aiment les chiffres. Quand vous leur parlez d'un nouvel ami, elles ne vous questionnent jamais sur l'essentiel. Elles ne vous disent jamais : quel est le son de sa voix ? Quels sont les jeux qu'il préfère ? Est-ce qu'il collectionne les papillons*[19] *?* »

La leçon à tirer de cet exemple est la suivante : retrouvons le goût du questionnement simple et sans complexes ! Surtout quand on sait à quel point il est attendu par ceux qui vous reçoivent !

19. Antoine de SAINT-ÉXUPERY, *Le Petit Prince*, Folio junior, 1943, page 19.

Se confronter pour développer sa créativité

Sachons retrouver cet **étonnement** naturel qui se présente à chaque rencontre que l'on fait, à chaque expérience que l'on vit. Sachons le préserver et le transformer en un questionnement fort pour en sortir plus sage, plus connaisseur, plus expérimenté. Au fond, être sage consisterait à savoir s'enrichir de la rencontre avec l'autre en acceptant le conflit probable au démarrage mais en sachant le gérer ensuite, en le transformant en bonne compréhension, en lien harmonieux.

C'est tout l'intérêt de la confrontation des profils de personnalité différents comme nous l'enseigne HERRMANN. Si l'on met dans une même pièce des clones, on a une créativité égale à zéro. Si l'on met des profils différents, on prend, certes, des risques de tension, de conflit mais aussi celui d'une bonne **créativité**, surtout si ces profils s'avèrent complémentaires !

Enfin, nous devrions nous rappeler ceci : **il y a plus de risque à ne pas comprendre qu'à essayer de comprendre** de bonne foi !

Autre remarque sur le questionnement pour vous décomplexer et que je vous invite à méditer : qui pourrait vraiment en vouloir à celui qui, par ses questions, s'intéresse au sujet abordé par son interlocuteur... ?

Autres questions universelles à avoir dans sa besace :

– Que fait l'entreprise de notre interlocuteur ?

– À quels besoins répond-elle (quelles sont ses spécificités) ?

Des questions, des questions... pour continuer à parler de soi !

– Qui sont ses clients (secteurs, types...) ?

– Qu'est-ce qui rend l'entreprise indispensable (que se passerait-il si elle disparaissait) ?

– Qui sont ses concurrents (sensibilité par rapport au prix, à la qualité...) ?

– Quel est le potentiel du marché (saturé ou en progression) ?

– Quelle est son offre, ses produits ?

– Quel est son CA ?

– Quelle est la structure de son fonds de commerce (sa récence, la fréquence de ses achats, le montant moyen d'achat) ?

– Quelle est son organisation commerciale (structure, moyens…) ?

– Quel est le projet de l'entreprise et à quoi veut-elle ressembler dans X temps ?

– Etc.

Vous pouvez également :

– Faire parler l'autre avec des questions sur mesure que vous aurez préparées. En vous renseignant sur les domaines, le secteur, les hobbies et la fonction de votre interlocuteur, vous valorisez votre apport. Et, en utilisant un juste questionnement, vous en dites long sur ce que vous êtes ainsi que sur l'intérêt que vous lui portez ! Soyez dans l'empathie et dans l'anticipation : cherchez les éléments de nature à mieux intégrer dans votre compréhension les tenants et aboutissants du contexte de votre interlocuteur.

– Le faire parler, non de lui dans le strict cadre professionnel mais plutôt de **ce qu'il aime**. Par exemple, vous rencontrez un paysan dont le domaine vous est naturellement étranger, ne lui demandez pas : « *Dites-moi cher ami en quelques mots qui vous êtes ?* » Enlevez vos gros sabots et dites-lui plutôt : « *Et si vous me faisiez visiter votre ferme ?* » C'est cela qu'il attend ! Et c'est ainsi qu'il a le plus de chances de vous parler de lui et de vous livrer le cœur de ses préoccupations. Fuyez les questions trop académiques du recruteur qui a mal digéré son apprentissage et qui se contente d'une approche trop professionnelle. Intéressez-vous sincèrement à votre interlocuteur en le « branchant » sur ce qui semble le motiver.

Adoptez cette attitude interrogative proche de celle du sage dont tout l'art se situe bien davantage dans le questionnement que dans le savoir. Il n'y a pas de meilleure manière de se valoriser aux yeux des autres et donc pas de meilleure manière de parler de soi !

De bonnes questions simples vont valoriser votre présentation. C'est la raison pour laquelle il faut écouter deux fois plus que nous ne parlons ! La nature ne confirme-t-elle pas ce précepte, elle qui nous a donné deux oreilles et une seule bouche ?

Sur le thème « *écouter plutôt que parler* », voici une histoire intéressante : une femme de lettres française rencontre en Grande-Bretagne au milieu du XIXe siècle les deux personnages considérés comme les plus intelligents de l'Empire, l'un étant l'actuel Premier ministre et l'autre l'ayant été. À son retour en France on l'invite à se prononcer sur celui qu'elle considère comme le plus intelligent. Elle dit ceci : « *En sortant du bureau de Gladstone, j'ai eu l'impression d'avoir rencontré l'homme le plus intelligent du monde... Et en sortant du bureau de Disraeli, j'ai eu l'impression d'être la femme la plus intelligente du monde...* »

Selon vous, qui était le plus intelligent des deux ? Ou plutôt quel était le plus sage... ?

Troisième principe : vérifiez que vous avez bien compris

Cherchez de temps à autre à vérifier que vous avez bien compris. Optez pour l'attitude de celui qui, dans son humilité, domine en réalité la situation : « *Je ne suis pas sûr(e) d'avoir tout compris mais peut-on dire ceci... ?* » Et là n'hésitez pas à reprendre, en le résumant, ce que vous avez compris de l'ambition que votre interlocuteur poursuit, de son objectif, de la façon dont il compte s'y prendre, etc.

Reformuler l'essentiel des réponses que vous avez obtenues grâce aux questions : quoi, qui, quand, comment, où, etc. et pourquoi !

Cette **reformulation** offre trois avantages :

– C'est une étape nécessaire pour manifester une nouvelle fois votre intérêt, pour lui comme pour ce qu'il dit.

– C'est également une bonne manière d'ajuster votre compréhension des choses énoncées et de mieux suivre sa pensée.

– C'est enfin le meilleur moyen de relancer votre interlocuteur sur ses sujets et ainsi lui permettre d'aller encore plus loin dans ses explications. En déroulant son fil, la pensée parfois s'assèche... La reformulation permet de recentrer le débit de la source et parfois de l'accélérer !

Quatrième principe : adoptez la bonne attitude d'écoute

C'est dans cette phase qu'il va vous falloir appliquer ce que vous avez lu dans le chapitre intitulé « Comment être un bon communicant ? » (page 117). Vous allez devoir donner la meilleure image de vous et chercher l'harmonie parfaite entre ce que vous cherchez à dire et ce que vous exprimez avec votre corps, avec tout ce qui n'est pas verbal et qui compte énormément.

Et, pour accompagner le mieux du monde votre discours, je vous invite à réfléchir aux deux points suivants sur lesquels vous pouvez avoir de l'influence en sachant que c'est ainsi que vous disposerez du meilleur confort pour échanger avec votre interlocuteur.

Votre posture : que vous soyez dans le cadre d'un entretien d'embauche, de réseau ou d'un entretien commercial, il y a neuf chances sur dix que cela se passe dans le bureau de celui qui vous reçoit. Ceci veut dire que vous n'aurez pas toujours le choix des armes en ce qui concerne votre positionnement : devant votre interlocuteur, autour d'une table de réunion et avec une distance que vous ne déterminerez pas forcément, en face à face avec lui ou bien à côté de lui… ?

Mon conseil : si vous en avez la possibilité, choisissez d'être à proximité de lui avec cependant une certaine distance (l'espace d'une personne, d'une petite table…), et positionné non en face à face mais plutôt de côté comme si vos chaises ou vos fauteuils étaient à angle droit. De telle sorte que vos regards levés peuvent fixer non le même point mais le même espace, évitant ainsi l'affrontement. Cette position vous donnera un autre avantage : celui de pouvoir, par un simple mouvement de votre corps dans sa direction, regarder de manière plus appuyée votre interlocuteur quand vous souhaiterez insister sur un argument, sans être obligé de le faire de manière continue. L'idéal étant d'être au bout d'une table de façon à pouvoir montrer des documents, faire un croquis, etc.

Soyez économe de vos faits et gestes !

Le contrôle de votre posture doit aussi porter sur la façon dont vous « tenez » votre dos. Évitez l'affalement en arrière comme en avant. Soyez dans la « droiture » légèrement incliné vers votre interlocuteur avec des bras plutôt ouverts sur lui et non dans une attitude refermée ou laissant supposer que vous l'êtes (bras ou mains croisées, mains sur la bouche ou gestes inappropriés venant distraire le cours de son écoute...). Recherchez en tout le calme et ce qui peut le créer. La bonne écoute exige de la rondeur et le bon échange la disponibilité de chacun à suivre la pensée de l'autre. Il faut donc éviter tout ce qui peut venir perturber le cours tranquille de cet échange et favoriser au contraire l'attention.

Les preuves de votre bonne écoute : votre interlocuteur vous parle et vous l'écoutez. Prouvez-le lui ! Envoyez-lui des signaux positifs. Accompagnez son discours avec tout votre corps et toutes les autres formes de langage dont vous êtes capable : celui de votre regard, celui de votre visage et aussi celui que vous offre une attention sincère à ce qu'il exprime.

Votre regard doit aller au-delà de la simple fixité de votre interlocuteur. Il doit sans cesse lui apporter des preuves que vous comprenez ce qu'il est en train de vous raconter, de vous expliquer... Ce n'est pas un regard froid, fixe et scrutateur ; c'est plutôt un regard bienveillant, cherchant à suivre la pensée de l'autre avec volonté et sincérité. C'est un regard qui sait marquer, le cas échéant, un étonnement, une interrogation, le besoin d'une pause pour écrire un mot, une phrase...

Votre visage doit aussi viser le bon accompagnement du discours de votre interlocuteur : par des hochements de tête appropriés, vous chercherez à lui faire comprendre que vous comprenez ce qu'il dit ou bien au contraire à lui faire comprendre qu'il doit s'attarder sur tel ou tel point, qu'il va trop vite... Et là, je vous recommande la plus grande sincérité : n'allez pas faire comprendre que vous comprenez si tel n'est pas le cas ! Cela se verrait en deux temps, trois mouvements !

Votre attention doit lui être manifestée de la même façon. Régulièrement, vous n'hésiterez pas à ponctuer son discours de paroles qui sont autant d'approbations non de ses positions mais du bon déroulement de sa pensée, de petits mots (« oui… », « je comprends », « en effet »…). Sur ce sujet, je vous invite à relire le paragraphe qui précède sur l'intérêt de la reformulation.

Cette bonne attitude d'écoute doit vous servir surtout au démarrage de la phase d'écoute. Elle doit installer votre interlocuteur dans le rôle de parleur et vous installer confortablement dans celui d'écouteur. Par la suite, c'est toute votre « expertise » dans le questionnement (voir le deuxième principe : utilisez des questions simples, page 195) qui va vous permettre de donner à cet échange le bon niveau que vous souhaitez.

Une étape clé : parler de ses réalisations au bon moment

La présentation de 2 minutes maximum, en posant le décor, vous aura permis de « lancer des hameçons » ! Vous y avez évoqué vos expertises avec quelques solides exemples et vous avez ainsi donné l'envie d'en savoir davantage sur vous. Cette envie va maintenant se traduire par des questions qui vont fonctionner comme autant de signes de l'intérêt de votre interlocuteur. Mais à ce stade, vous ne savez pas s'il s'agit d'un vif intérêt pour ce que vous avez raconté ou bien s'il ne s'agit que d'une question de pure politesse de la part de votre interlocuteur. Quoi qu'il en soit, il vous faut confirmer ce que vous avez perçu de son intérêt manifesté par sa question en apportant davantage de précisions.

Comment donc « gérer » les premières questions de votre interlocuteur ? En respectant trois étapes.

Première étape : en livrant d'abord le résumé des réalisations.

À la première question sur tel ou tel sujet que vous avez abordé, efforcez-vous de répondre par le résumé de l'une de vos réalisations qui l'illustre. Pourquoi seulement le résumé ? Parce qu'à ce stade, vous ne savez pas précisément quel est le degré d'intérêt véritable de votre interlocuteur pour ce que vous venez de dire. S'agit-il d'une question manifestant un véritable intérêt de sa part ou bien s'agit-il d'une question de simple courtoisie ?

Dans de telles conditions, contentez-vous de n'évoquer que leur résumé. Celui-ci va peut-être satisfaire pleinement sa curiosité. Imaginez en effet que vous « serviez » l'intégralité de votre réalisation sans qu'elle ne soit réellement attendue sous cette forme. Vous risqueriez de le faire bayer aux corneilles !

Deuxième étape : en livrant ensuite l'intégralité de la réalisation si vous sentez que la demande qui vous est faite, même de manière tacite, manifeste un intérêt sincère.

Si vous avez droit sur le même sujet à une deuxième question ou si son œil s'allume à l'évocation du résumé de votre réalisation, vous pouvez en être à peu près sûr : votre interlocuteur a de l'intérêt pour ce que vous êtes en train d'évoquer ! Dans ces conditions n'hésitez pas : servez-lui l'intégralité de la réalisation. Cette deuxième question traduit son réel intérêt et sans doute y a-t-il de sa part le souhait, soit de mieux comprendre le personnage qu'il a en face de lui, soit de mieux appréhender l'histoire complète de cette réalisation, soit encore d'aller dans le détail de cette réalisation. Car il y a peut-être chez lui plus que de la curiosité, un besoin. Un besoin de compétence par exemple, un besoin de comprendre quelque chose qu'il est peut-être lui-même plus ou moins en train de vivre dans son entreprise et sur le sujet duquel votre expérience prendra tout son sens. Il y a peut-être aussi tout simplement une connexion qui s'est faite dans son esprit par rapport à votre conversation ou bien par rapport à une rencontre récente qu'il a faite qui peut représenter une opportunité pour vous… Bref, apportez-lui satisfaction !

Troisième étape : en posant des questions sur les raisons de son intérêt pour cette réalisation.

Deux questions sur l'une de vos réalisations, c'est une aubaine ! Une fois celle-ci savamment racontée, tentez de la retourner sur lui en cherchant à comprendre les raisons de son vif intérêt pour ce que vous venez de raconter. C'est ainsi que vous atteindrez votre but : mettre le doigt sur un besoin que vous pourriez être amené à satisfaire (ce sera vrai dans le cadre d'une recherche d'emploi comme dans le cadre d'une démarche de type commercial).

Le cas particulier de la fin de l'entretien

Phase vérification

Ne quittez jamais un interlocuteur si vous n'avez pas le sentiment d'avoir toutes les clés. Vérifiez que vous possédez des idées claires sur la problématique posée. Continuez à parler de vous et à valoriser votre prestation en posant les questions suivantes :

Dans le cas d'un entretien d'embauche

– Que pensez-vous de ma candidature ? *Vérifiez que vous avez été bien perçu ; qu'un obstacle n'existe pas. Si tel est le cas, rien ne vous empêche d'y revenir pour le contrer.*

– Quelle sera ma place dans l'entreprise ? *Vérifiez précisément comment vous serez positionné dans la structure que vous pourriez intégrer.*

– Qui seront mes interlocuteurs ? *Vérifiez de qui vous allez dépendre, quels seront vos clients et fournisseurs internes.*

– Quelles seront les missions qui vont m'être confiées, quelles seront mes responsabilités ? *Vérifiez précisément sur quoi vous allez être sollicité, sur quels domaines, quelles expertises.*

– Quels seront mes objectifs et que va-t-on attendre de moi précisément ? Sur quels critères serai-je évalué ? *Vérifiez ce que l'on sera en droit de vous demander en termes de résultats dans les trois mois qui suivront, dans les six mois, au terme de la première année…*

– Comment se présente le poste que je vais prendre ? *Vérifiez comment dans la réalité celui-ci se présente (style de relations, de prise de décision, réalité du travail en équipe, avec votre futur N + 1…).*

– Quels sont les moyens qui me seront donnés pour réussir ? *Vérifiez quels seront les moyens financiers, humains, logistiques…*

– Quelle est la prochaine étape ? *Prenez soin de prendre date avec une échéance claire ; sachez dans le camp de qui la balle se trouve…*

<u>Dans le cas d'un entretien commercial</u>

Vérifiez que vous disposez de toutes les réponses précises aux questions simples dont nous avons parlé plus haut :

– quoi ?
– où ?
– qui ?
– comment ?
– quand ?
– etc.

Ce sont les éléments précis contenus dans ces réponses qui vous permettront de formuler une proposition commerciale adaptée. Si vous n'avez pas ces éléments, vous serez dans l'embarras.

Et surtout, là aussi, ne le quittez pas sans avoir posé une date pour l'étape suivante : un deuxième rendez-vous pour aller plus loin dans le diagnostic ou pour présenter votre proposition.

Phase « j'obtiens des recommandations » ou comment en profiter pour vérifier que j'ai bien parlé de moi ?

Ne quittez pas votre interlocuteur sans obtenir ce que vous êtes venu chercher : des « recommandations » !

<u>Définition d'une recommandation</u> : votre interlocuteur vous donne l'autorisation de vous servir de son nom pour vous introduire chez quelqu'un d'autre qu'il connaît bien et qui peut vous

aider dans votre recherche. Mieux encore : convaincu désormais de l'intérêt que vous représentez, il prend son téléphone pour appeler cette recommandation et faciliter la prise de rendez-vous avec lui.

C'est en ceci que réside tout l'intérêt de bien parler de soi : obtenir des recommandations qui vont vous mener vers votre objectif en vous donnant cette ouverture au monde et l'air qui va avec !

Soulignons que la recommandation arrive d'autant plus facilement dès lors que votre interlocuteur sera convaincu de ce que vous dites. Il faut donc ne pas se tromper de combat et commencer par travailler votre présentation !

Ceci dit, comment faire pour en obtenir ?

Tout d'abord rester en écoute quand vous avez le sentiment d'être convaincant et qu'il suffit de se pencher pour ramasser une recommandation : par association d'idées, il vous parle de quelqu'un qui travaille sur le même genre de thème que le vôtre… laissez-le développer son idée et faites-lui mettre un nom dessus !

Ensuite, à la fin de l'échange, à l'issue de la reformulation, vous pouvez passer en mode opératoire « prise de recommandations » qui consiste à :

– synthétiser l'objet de votre recherche ou bien lui demander de le faire lui-même : « *Si vous aviez à retenir quelque chose de ma visite, deux points importants, quels seraient-ils… ?* »

– écouter la réponse et réajustez-la si besoin est,

– puis lui demander si, selon lui, il y a des gens qui pourraient être intéressés par ce que vous venez de lui raconter sur ces deux points,

– si la réponse est favorable, lui demander quels sont ceux qu'il connaît personnellement, lui demander comment vous pourriez entrer en relation avec eux…

– si la réponse ne comporte pas de recommandation expresse, se mettre en questionnement plus incisif : « *Voyez-vous un inconvénient à ce que je les appelle ?* » (sans dire « de votre part »)

– ce n'est qu'ensuite qu'il faut lui demander la permission de le faire de sa part : « *M'autorisez-vous à les appeler de votre part… ?* »

Encore une fois, cette façon de l'emmener vers votre but témoignera de vos manières… Vous ne lui mettez pas un couteau sous la gorge, vous l'aidez à vous aider !

Ceci dit, si l'échange s'est bien déroulé, la recommandation va de soi : il suffit de la cueillir au bon moment. Et quand parfois elle aura du mal à venir, il suffira de la favoriser !

CHAPITRE 11

Comment parler de soi en quelques secondes ?

Les caractéristiques propres de cette présentation

Pourquoi faut-il savoir parler de soi en quelques secondes ?

Parce que cette façon de parler de soi correspond à de nombreuses circonstances de la vie, peut-être même les plus nombreuses sur les plans professionnel comme personnel.

Vous pouvez être un chef d'entreprise « successfull », une femme qui a cessé de travailler il y a plusieurs années et qui souhaite reprendre du service, un salarié lambda égaré dans une réunion de travail ou un dîner ennuyeux, etc ., qui que vous soyez, vous serez amené un jour à produire ce type de présentation courte.

Dans ces occasions, s'agit-il de 15 secondes ou de 30 ? Dans tous les cas, prévoyez le pire : seulement quelques secondes pour accrocher votre interlocuteur. Tant mieux si cela dure davantage. Mais soyez d'abord prêt à courir un 100 mètres ! Paradoxalement, vous n'en serez que plus à l'aise après pour courir un 5 000 mètres !

Mais, autre paradoxe, c'est le 5 000 mètres que je vous invite à travailler en premier ! (voir la deuxième partie « Parler de soi : bonne nouvelle, ça s'apprend ! »). C'est la raison pour laquelle vous devez commencer par posséder votre présentation en 2 minutes !

Dans le cas de cette présentation de quelques secondes, il s'agit, de manière très brève, de dire qui l'on est, ce que l'on fait et ce que l'on peut apporter, quel est notre projet, ce vers quoi l'on tend.

Or sur cet exercice pèsent plusieurs contraintes :

– une contrainte de temps dont les conséquences sont ardues et périlleuses : elle ne permet en aucun cas de déborder, ce temps précieux ne vous appartient que pour quelques secondes,

– une contrainte de parasites très probable : le plus souvent, le cadre dans lequel ceci se passe amène son cortège de bruits, de mouvements de foule parfois, de toutes sortes d'éléments qui vont perturber l'attention de votre interlocuteur ; l'exemple du cocktail, d'un dîner ou du pot de service est caractéristique : une relation, un chef de département est là, et la chance vous accompagnant, vous l'avez à vous tout seul, le temps de boire un verre… Soyez dans ce cas prêt à intervenir de manière claire !

– une contrainte de résultat à obtenir quoi qu'il arrive : comment en effet en si peu de temps, sans échange véritable, produire un quelconque effet ? Comment obtenir quelque chose ? Comment marquer malgré tout des points ?

Dire l'essentiel de l'essentiel !

Ce sont justement ces contraintes qui vont nous obliger à un resserrement de notre communication sur l'essentiel de l'essentiel ! En partant de ce que l'on aura fait sur la présentation en 2 minutes et en réfléchissant sur les moyens de ramasser ce discours en deux ou trois phrases au maximum.

Avec le but suprême d'emporter cette fois-ci non la conviction profonde de votre interlocuteur sur votre profil, votre trajectoire, etc ., mais plutôt d'obtenir de manière concrète une preuve d'engagement de sa part en votre faveur. Cette preuve peut être par exemple de vous inviter à le joindre à son bureau, à prendre rendez-vous avec son assistante ; ce peut être de vous remettre sa carte de visite comme une invitation à poursuivre ultérieurement cet entretien, etc. Il arrivera parfois même qu'un rendez-vous soit organisé sur-le-champ.

Et, dans le cas où une preuve ne vous est pas donnée, ce qui importe est de mettre une empreinte dans la mémoire de votre interlocuteur : en produisant un message fort illustrant votre originalité. Et si vous ne réussissez pas à obtenir sa carte de visite ou la promesse d'un rendez-vous, vous devez avoir au moins comme objectif de lui laisser le souvenir fort d'une activité, d'une expérience, d'un projet que vous avez mené.

Détail important : il faut toujours avoir sur soi une carte de visite à remettre sur laquelle figure sous votre patronyme un libellé, une phrase qui exprime votre chapeau, qui synthétise votre caractère distinctif.

Beaucoup d'échanges de cartes de visite se font en de telles circonstances. On peut donc en déduire que ce n'est pas un élément si important et que cette carte de visite fera l'objet d'un « classement vertical »... Erreur ! La carte de visite n'est pas quelque chose que l'on jette facilement. C'est la raison pour laquelle non seulement il faut savoir en remettre une à celui que l'on a rencontré mais s'attacher à ce qu'elle comporte des éléments ayant trait à ce qui vous qualifie, à **votre caractère distinctif** : votre fonction, votre secteur, votre projet... qui figureront sous votre nom. À l'instant où vous parlez de vous, il se peut que cet entretien ne déclenche aucune réaction. Mais qui vous dit que deux jours après, des événements n'apporteront pas de quoi rendre votre profil soudain intéressant aux yeux de votre interlocuteur ?

La trame à adopter

Donc que faut-il dire dans ce court laps de temps ?

Souvenez-vous des sept étapes de la présentation en 2 minutes :

– Votre chapeau (qui pose le décor),

– La trajectoire, le « fil rouge », le parcours (un peu de chronologie),

– Les domaines d'expertise (qui fixent la pensée de votre interlocuteur sur l'essentiel) et deux exemples majeurs (un peu de concret avec vos expériences),

– Le rappel de la formation (quand cela est utile),

– Le projet (ouverture sur l'avenir pour fait comprendre l'objectif poursuivi),

– Et moi dans tout ça ? (quelques éléments personnels),

– La mise en écoute (comment se mettre en orbite afin de mieux observer et mieux mettre en marche l'entretien).

Dans cette présentation en quelques secondes, vous ne pouvez pas tout livrer. Il vous faut donc faire un tri. Parmi ces sept points, quatre sont importants dans ce cas :

– <u>votre chapeau</u> : il va poser le décor,

– <u>le domaine d'expertise principal avec un exemple à la clé</u> : il va situer votre **métier** et votre **valeur ajoutée** sur le marché,

– <u>votre projet</u> : il va situer la **fonction** et le **secteur** que vous recherchez par exemple,

– <u>la mise en écoute</u> : elle va permettre de prolonger l'échange avec, si le temps et les circonstances vous sont favorables (et seulement dans ce cas), l'idée d'obtenir quelques réactions sur ce que vous avez dit et surtout de mettre en place les moyens d'une suite à cette rencontre : un rendez-vous, une carte de visite, un téléphone griffonné sur un bout de papier, etc.).

Premier point : le chapeau

Celui-ci est le même que celui que vous avez utilisé dans la présentation en deux minutes. Efforcez-vous de l'adapter au temps très court qui vous est imparti.

Ce chapeau doit poser le décor et fixer les idées principales. Plus encore, il doit avoir pour objectif de tout contenir : le type de métier, le secteur, l'originalité de l'expérience passée ainsi que le projet que vous portez et l'objectif que vous poursuivez.

Plus que jamais, ce chapeau doit :

– <u>valoriser votre parcours et votre projet</u>,

– <u>éveiller l'intérêt et l'attention</u> de votre interlocuteur.

– **Valoriser votre parcours et votre projet :**

Vous avez très peu de temps pour dire tout ceci.

Travaillez votre style !

Reprenez le chapeau de votre présentation en 2 minutes et retravaillez votre phrase. Sachez ruminer votre chapeau afin de le ramasser jusqu'au moment où vous sentirez qu'il fait corps avec vous-même. C'est à ce moment-là seulement que vous serez vraiment en possession du message qui doit fonctionner comme un passeport !

– **Éveiller l'intérêt et l'attention de votre interlocuteur :**

Introduisez un peu de condiment dans la mayonnaise !

Pour cela, **sachez étonner ou intriguer** sans exagération. Faites saliver en livrant quelques éléments qui vont donner immédiatement l'envie d'en savoir davantage ! Un nom d'entreprise prestigieux, une action ambitieuse et/ou originale évoquée, une expérience menée sur un sujet très « tendance », une action faite dans le cadre d'un projet dont tout le monde a entendu parler, le côtoiement d'une personne connue, etc. Dans ce que vous avez fait, il y a des éléments qui méritent une attention particulière et qu'il faut savoir mettre en avant !

Deuxième point : le domaine d'expertise principal avec un exemple

Après avoir livré votre chapeau, sachez fixer l'idée principale qui doit être retenue par votre interlocuteur. Ajoutez une phrase sur votre expertise principale qui va cimenter le tout en n'oubliant pas un exemple concret.

Par exemple vous pouvez dire juste après le chapeau : « *Au fond je suis un professionnel de telle ou telle practice… j'ai par exemple mené telle ou telle action.* »

Vous devez livrer des éléments qui vont donner envie d'en savoir davantage et de manière plus précise.

Ne vous privez pas d'apporter des éléments d'information qui sont, maintenant, attendus par votre interlocuteur : un bel exemple de réalisation en n'évoquant, à ce stade, que le résultat percutant !

Mon conseil : simplifiez la réalité au maximum mais sachez illuminer les faits !

Troisième point : votre projet

C'est la mise en perspective. Et c'est le moment le plus attendu. Vous venez de parler du passé, vous avez maintenant à **parler de l'avenir** en cherchant à être cohérent avec ce que vous venez de dire précédemment. Cette ouverture sur l'avenir est la suite logique de ce que vous venez de dire. C'est l'aboutissement d'un parcours !

Vous êtes ici dans l'objectif que vous poursuivez : tel marché à conquérir, telle évolution à construire dans votre parcours, tel poste à chercher, telle mission à entreprendre ou tel nouveau défi à relever, etc.

Ce troisième point doit emporter votre interlocuteur en le faisant un peu rêver ! Il s'agit, non de le bercer d'illusions, mais d'ouvrir son esprit sur des perspectives attrayantes vous concernant. Ce n'est pas la conquête du Far West mais il doit y avoir un peu de cette idée !

<u>Sur la forme</u> : bien évidemment cette présentation en quelques secondes doit être dite sur un mode enthousiaste et avec un peu de passion et de conviction dans la voix ! C'est un point important car l'impression que vous allez donner est celle qui va rester dans la mémoire de votre interlocuteur et, dans ce cas précis, vous avez fort peu de temps. C'est la raison pour laquelle il vous faut travailler ardemment sur la maîtrise de cet exercice afin de ne pas être pris au dépourvu !

Ajoutons qu'une fois cet exercice de présentation maîtrisé et réussi, il vous sera d'autant plus facile de le développer en une présentation plus longue (en 2 minutes) dès lors que vous sentirez chez votre interlocuteur l'envie d'en savoir davantage !

Quatrième point : la mise en écoute

C'est l'objectif majeur de cette présentation en quelques secondes ! Prolonger cet échange alors même qu'il se situe dans des circonstances peu favorables avec notamment une contrainte de temps sévère. Il faut donc, si l'on sent que cette présentation courte a été entendue, qu'elle a résonné favorablement, chercher à faire réagir votre interlocuteur et à le faire s'exprimer sur l'expertise qui a été évoquée, sur le projet poursuivi...

Soyez donc perspicace en sachant déceler son intérêt pour ce que vous avez dit. Si, à l'un ou l'autre des arguments, vous sentez son œil s'allumer, n'hésitez pas à le lui faire remarquer : « *J'ai le sentiment qu'il s'agit là d'un sujet qui vous intéresse... ?* » Et mettez-vous immédiatement en écoute de sa réponse ! Elle doit vous apporter de quoi rebondir, en restant solidement accroché, cette fois, à ses attentes.

Prenez soin de formaliser votre « pitch ». D'abord en langage écrit. Puis en langage parlé avec vos mots, vos expressions. Soyez à l'aise avec lui. Vous devez pouvoir le « servir » à qui veut l'entendre. Plus vous l'aurez intégré, plus vous aurez le pouvoir de vous mettre immédiatement en écoute de l'autre, y compris en commençant à le débiter !

Voici quelques exemples de présentations en quelques secondes dans un cadre professionnel bien que l'on puisse imaginer les mêmes dans un cadre plus personnel :

Exemple n° 1 : la présentation en quelques secondes d'une assistante de direction

« Mon métier consiste à assister un dirigeant au quotidien. Avec moi, il n'a plus de problème d'organisation, tout est réglé, il peut se consacrer pleinement à son métier. J'ai assisté X lors de l'opération Y et je peux dire que j'ai, à mon niveau, pleinement participé à ce succès. Je serais heureuse de vous raconter cette opération plus en détails..., avez-vous une carte de visite ? »

Exemple n° 2 : la présentation en quelques secondes d'un ingénieur en « bâtiments intelligents »

« Je possède une double expertise dans le BTP et dans la maîtrise d'ouvrage dans les télécoms. Ce qui me permet de pouvoir diriger un grand projet intégrant ces deux expertises ; un projet concernant les bâtiments intelligents, par exemple. Ce sujet paraît vous intéresser... puis-je savoir pourquoi... ? »

Exemple n° 3 : la présentation en quelques secondes d'un comptable

« Je suis un spécialiste des règles comptables s'appliquant aux marchés financiers. Depuis 20 ans je travaille sur ce sujet. Je suis membre de la Commission X qui préside à leur évolution. Mon idée : aider un groupe bancaire à faire évoluer la gestion de ses opérations comptables depuis l'architecture informatique jusqu'aux applications métiers. Je serais heureux de vous en parler…, avez-vous une carte de visite ? »

Ce qu'il vaut mieux ne pas faire…

CONTRE-EXEMPLES DE CHAPEAU À UTILISER LORS D'ENTRETIENS PERSONNELS (RENCONTRES INOPINÉES, RÉUNIONS DE GROUPE, COCKTAILS, DÎNERS… AU MOMENT OÙ VOUS ÊTES SOLLICITÉ)	MON COMMENTAIRE
• *« Mon nom est…, j'ai 43 ans, je suis marié et j'ai trois enfants… »*	• Où se trouve l'élément qui va capter l'attention de votre interlocuteur ? Vous êtes des millions à être dans des cas semblables… !
• *« Je suis président de la société… »*	• Vous prenez un risque en vous positionnant ainsi… vous ne savez pas à qui vous avez affaire… ! Soyez plus humble : *« Je travaille dans une entreprise qui fait… et nous sommes en train de développer un produit nouveau… »* Il sera bien temps de lui dire que vous la dirigez ! En attendant, dites-lui des choses qui donnent envie d'en savoir davantage !
• *« Je suis commercial dans l'agroalimentaire… »*	• Trop sec et sans saveur ! Pourquoi ne pas utiliser un peu d'humour en disant par exemple : *« Je fais le plus vieux métier du monde… je fais du commerce… dans l'agroalimentaire… ! »* Manière comme une autre d'intriguer dès le démarrage… !

• « *Je suis mère au foyer…* »	• Vous laissez entendre que vous vous sentez coupable de cet état ! Non, dites plutôt là aussi avec humour : « *Je fais l'un des plus vieux métiers du monde… je manage une équipe de X personnes, mon mari, mes enfants, etc. Je suis mère au foyer ! Dès que tout ce petit monde sera sorti d'affaire, je reviendrai à mon métier qui est… À mes heures perdues, je fais…* »
• « *Je suis chômeur et j'en ai assez d'envoyer des CV auxquels on ne répond pas…* »	• Pas de malheur affiché dès l'abord ! Vous pourriez dire : « *Écoutez, je suis dans une phase de transition professionnelle et d'ailleurs je viens de louper une belle occasion ; il s'agissait de tel poste, j'étais fait pour ça, mais malheureusement quelqu'un a été meilleur que moi ; mais ce n'est pas grave car j'ai une autre piste…* » Finissez sur votre projet de telle sorte que cela soit clair et convaincant, avec un chapeau percutant !

CHAPITRE 12

Comment parler de soi au téléphone ?

En introduction sur ce sujet, je veux vous rappeler que cet « engin » est probablement l'un des outils les plus répandus sur la planète. Pas un bureau qui n'en possède au moins un.

Son utilité est de plus évidente : si l'on a une fonction commerciale, cela va de soi. Dans le cas d'une fonction plus administrative, on est aussi fréquemment amené à l'utiliser à l'intérieur de l'entreprise avec tous les contacts que l'on peut avoir mais aussi à l'extérieur avec des fournisseurs, des partenaires, son réseau…

> Sans maîtrise du téléphone, pas d'occasion de parler de soi !

Avec l'extérieur surtout le risque est grand de ne pas le maîtriser. Notamment quand il s'agit d'aller vers le marché comme dans le cas de commerciaux dont le premier des contacts est téléphonique ; dans le cas d'une recherche d'emploi aussi avec les appels vers des recruteurs potentiels.

Or, il s'agit d'un outil qui n'est pas facile à utiliser et avec lequel il vaut mieux être un peu entraîné.

Car voilà un autre paradoxe : cet outil est probablement le seul auquel on n'est jamais préparé ! Comme si son utilisation allait de soi. Hélas, c'est tout le contraire. Formidable moyen de communication il est en même temps terriblement dangereux : n'avez-vous pas remarqué combien il est facile d'entrer en conflit par téléphone… ? C'est d'ailleurs en ceci que, mal utilisé, le téléphone ne pardonne pas !

Il s'agit donc d'acquérir un peu de technique pour que cet outil vous aide à prendre des rendez-vous avec ceux dont vous avez besoin (prospects, clients, pairs, etc.).

On pourrait d'ailleurs dire ceci : si vous ne maîtrisez pas le téléphone, vous prenez le risque de vous priver de bon nombre d'occasions de parler de vous avec efficacité. Dont certaines avec des gens que vous ne connaissez pas et qui seront peut-être les meilleures (voir le chapitre sur l'intérêt des liens faibles que j'ai développé en première partie, page 22).

C'est pourquoi j'ai pris l'option de vous aider à vous préparer non seulement sur le message qui va faciliter la mise en relation mais aussi sur la maîtrise de cet outil sans laquelle vous ne passerez pas le stade de la standardiste !

Ajoutons que le peu de préparation que nous avons tous sur cet outil va vous servir car ceux que vous cherchez à joindre ne sont pas mieux préparés que vous. Donc préparez-vous, vous serez ainsi plus fort !

Dans ce chapitre, je vais aborder, en les mêlant, deux questions :

– d'une part le fond : le message à délivrer pour obtenir ce que vous recherchez (message soit aux assistantes, soit à la personne que vous voulez rencontrer),

– d'autre part la forme : la phase préalable avant la délivrance du message et la phase qui suit le message (c'est-à-dire ce qu'il faut ajouter pour convaincre de se faire recevoir une fois le message délivré).

1. Le message à délivrer : les principes

Il faut vous inspirer de celui que vous avez construit dans votre présentation en quelques secondes. Message avec deux points :

– **votre chapeau**, qu'il ne faudra pas forcément utiliser mais que vous aurez toujours en réserve,

– **un argument** fait d'une expérience, d'une réalisation concrète dont vous savez qu'il va avoir une chance d'être entendu (il est dans l'air du temps, dans la préoccupation de celui à qui vous vous adressez). Il se présente sous la forme d'une information nouvelle, digne d'être produite ; c'est un argument technique ou général. Il peut être une idée originale. En tout état de cause, votre argument doit pouvoir intéresser et donner envie de vous recevoir.

Exemple : je me souviens d'un ingénieur qui voulait se lancer sur le marché du conseil en PCA (plan de continuation d'activité) auprès des PME de 100 à 500 salariés. Afin de trouver ses premiers clients, il avait lancé l'idée de faire une enquête sur les pratiques sur ce sujet auprès de quelques responsables concernés dans ces entreprises. Il n'eut pas 20 rendez-vous à faire qu'il avait déjà trouvé ses premiers clients... !

C'est un message comparable dont vous allez vous servir au moment où il vous faudra avancer votre pion ; c'est-à-dire au moment où arriveront les infatigables objections que votre interlocuteur va vous servir (nous verrons ce point précisément au chapitre suivant sur la phase préalable à l'annonce du message).

Ce message doit donner à votre interlocuteur une idée parfaitement claire de qui vous êtes et de ce que vous pouvez lui apporter.

Il doit être concis, attrayant et vif. Fait d'une phrase courte, ce message doit évoquer l'épaisseur de votre expérience et annoncer votre valeur ajoutée. C'est cela qui va valoriser l'intérêt d'une rencontre pour celui à qui vous vous adressez.

Il doit aussi contenir une part des attentes de votre interlocuteur. Celui-ci doit immédiatement sentir que ce dont vous voulez lui parler l'atteint en plein cœur !

Enfin, ce message doit pouvoir être « servi » (avec cependant quelques variantes) à un intermédiaire (l'assistante) que vous aurez très probablement au téléphone en premier.

2. Étude de la phase préalable à l'annonce du message et de la phase qui suit le message

Deux cas vont se présenter : vous tombez sur l'assistante de l'interlocuteur que vous visez ou bien vous avez celui-ci directement.

Premier cas : l'assistante…

Les trois questions essentielles

Avant de s'adresser à quelqu'un par téléphone, il y a trois questions que vous devez vous poser (voir chapitre « Comment être un bon communicant »).

Première question : **qui est cette personne** ?

Je vous propose un portrait-robot de cette assistante qui a forcément, par son côté simplificateur, quelques faiblesses. Cependant on peut la définir de la manière suivante.

– Dans la plupart des cas, elle n'a pas un métier facile : elle est constamment coincée entre la pression de son patron (lui-même soumis à une forte pression de sa hiérarchie, de ses clients), et celle de tous les « entrants » dans son bureau (les opérationnels de l'entreprise et les solliciteurs de tous ordres). Elle a donc le devoir de protéger son patron, notamment en lui faisant perdre le moins de temps possible. Son objectif ? Qu'il conserve un agenda vivable. Vous en tirerez donc deux enseignements :

- En général, elle ne décidera pas seule d'un rendez-vous à organiser avec lui.
- Du fait de sa position, son poids est grand pour briser tout lien entre vous et lui.

– Dans la plupart des cas, son travail est vécu de manière peu créative, peu valorisée, parce que, bien que très proche du décideur avec parfois peut-être sa dose d'influence, elle n'a, le plus souvent, pas voix au chapitre ! Ce sont les raisons pour lesquelles il arrive fréquemment qu'elle ait des états d'âme et qu'elle s'ennuie !

- À chaque instant, vous lui ferez sentir que vous savez que son métier est difficile, que vous en connaissez les contours et que vous savez qu'elle le fait bien.

– Dernier point : elle connaît beaucoup de choses sur l'entreprise et sur son patron. Voici deux autres enseignements :

- Elle va vous en apprendre beaucoup et vous livrer des informations qui faciliteront votre entrée en relation avec son patron.
- Faites-vous en une alliée quoi qu'il advienne !

Deuxième question : **quel est votre objectif** ?

Un seul : **qu'elle vous mette en relation quelques secondes avec son patron**. Et non pas qu'elle organise un rendez-vous avec lui. Car ça n'arrivera que très rarement ! Bien sûr, si vous sentez chez elle des velléités de l'organiser, foncez dans son sens en lui suggérant une date de principe !

- Aidez-la à ne pas s'écarter de l'objectif de vous passer son patron quelques secondes en étant parfaitement clair et simple dans votre message !

Troisième question : **qu'avez-vous à dire qui l'intéresse** ?

Avec la première question « qui est-elle ? », vous avez cherché à cerner les contours de l'univers de cette assistante. L'exercice présent consiste à sélectionner les meilleurs arguments à lui « servir ». Arguments qui correspondent le mieux à ses attentes et à ses motivations personnelles et professionnelles supposées.

VOICI POUR COMMENCER CINQ RÈGLES POUR MARQUER VOTRE DIFFÉRENCE

- Vous vous adresserez à elle de la manière la plus aimable, la plus courtoise et aussi avec beaucoup de sincérité. Surtout, évitez cette politesse des mauvais vendeurs qui sent la colle… !
- Vous chercherez à la valoriser constamment avec force empathie.
- Vous saurez la rassurer avec un message clair et simple sur vos intentions et qui soit de nature à susciter son intérêt.
- Vous la distrairez avec un peu d'humour et d'originalité.
- Vous l'impliquerez dans votre objectif, le cas échéant, en la mettant dans la confidence.

Cinq règles majeures à appliquer avec deux idées : trancher avec les autres « enquiquineurs » et faire qu'elle se souvienne de vous !

Et, pour vous convaincre de l'importance de ces règles, je ne résiste pas à l'idée de vous raconter cette histoire.

Celle de Carlo dont la recherche d'emploi ne se présentait pas sous les meilleures auspices : Italien d'origine, il était desservi par un français très approximatif et par un CV bien pauvre et quelque peu chaotique du fait de son changement de pays. Il avait toutefois un relationnel très fort dont il savait très bien se servir. De telle sorte que son seul et unique objectif dans sa recherche d'emploi était de provoquer une rencontre avec son futur employeur en évitant à tout prix l'envoi préalable de son CV. Et, pour atteindre cet objectif, il possédait un atout maître : une voix à la Marcello Mastroianni ! Grave, alourdie par le poids des cigarettes mais langoureuse et pleine de promesse… Il avait une autre qualité : non seulement il suivait à la lettre l'enseignement qu'il avait eu sur le téléphone pour aller à la rencontre de ses futurs employeurs mais il y ajoutait, chaque fois, sa touche personnelle en charmant les assistantes ! Il n'était pas seulement poli, il émanait de lui une telle bonté qu'elle s'entendait..., bref, un vrai prince. Par exemple, il finissait toujours ses coups de fil en exprimant ses remerciements pleins de sincérité. Avec son accent italien suave et inoubliable, il disait en allongeant la phrase : « *Jé vous rrémerrcie, madame, de vôtrre aide, tant et tant...* » Comment dans ces conditions et avec de tels mots oublier une telle voix ? Dans ses coups de fil, malgré des faiblesses apparentes, il y avait tout : clarté, simplicité, charme et amabilité et utilisation rigoureuse de la trame. Un vrai modèle !

Le fait est que, très rapidement, les assistantes se souvenaient parfaitement de lui ! Je me demande même si, dès la deuxième fois, elles n'étaient pas dans l'attente de son appel... !

La trame d'appel téléphonique pour l'assistante

Je vais vous en livrer une dont je me sers depuis bien des années avec succès. Considérez qu'il s'agit d'un cadre dont vous pouvez vous inspirer pour écrire la vôtre.

Ce qui importe et qui doit constituer votre objectif, c'est que cette trame fasse corps avec vous-même. Vous devez la travailler suffisamment pour qu'elle vous ressemble, avec vos mots, vos expressions et votre manière d'être, votre humour et tout le reste.

Vous devez la posséder comme un acteur de théâtre possède son texte : quoi qu'il advienne, un acteur de théâtre doit savoir revenir à son texte. Il le connaît si bien qu'il pourrait même décliner le texte des autres personnages de la pièce sans se tromper. N'hésitez pas à l'imiter en vous souvenant notamment que, dans l'échange téléphonique, les impondérables étant légion, il vous faudra le même genre de rigueur !

Enfin deux derniers points à souligner avant de bâtir votre trame :

– Pour prendre un rendez-vous par téléphone, vous disposez de très peu de temps ! Vous aurez au maximum trois possibilités d'échange de paroles, pas davantage, et un maximum de une à deux minutes tout compris. **D'où l'intérêt majeur de s'être bien préparé !**

– La principale raison du découragement au téléphone, ce n'est pas le nombre de refus auquel on est confronté, c'est plutôt la prise de conscience progressive de la grande difficulté de cet apprentissage. Exactement comme un enfant dont la récitation a du mal à rentrer et qui se dit : « Je n'y arriverai jamais… ! ». Je vous ferai donc la même réponse : **rien, absolument rien ne résiste à la pratique de la répétition et de l'entraînement.**

Voici la trame que je vous propose de suivre. Imprégnez-vous en avant de l'adapter à votre cas en y incluant quand il le faudra le message consacré à votre présentation.

! **Sur la partie droite se trouve la trame elle-même et sur la partie gauche les remarques sur lesquelles je vous propose chaque fois de réfléchir. Elles viennent expliquer les raisons de tel ou tel enchaînement, de telle ou telle réponse. Elles permettent de comprendre pourquoi tel mot ou telle phrase sont choisis.**

Il s'agit d'une trame qui suppose d'avoir une recommandation : quelqu'un vous a donc donné la permission d'appeler de sa part. Je vous rappelle l'intérêt de la recommandation : sur 100 contacts, vous devriez avoir 50 rendez-vous au lieu des deux à trois (probables avec beaucoup d'entraînement !) qu'apporte une démarche « dans le dur ».

Le fait d'ajouter « est-il là ? » est destiné à focaliser l'attention de l'assistante non sur l'objet de votre coup de fil mais sur la présence ou non de son patron.	– *« Bonjour, madame, Jacques DUPONT, je souhaite parler à Pierre DURAND »,* **ajoutez immédiatement** : *« est-il là… ? »*

Si la réponse est : « il n'est pas là », embrayez avec « à quel moment sera-t-il là. .. ? » Votre objectif : obtenir le jour et l'heure où vous pourrez rappeler ! Prenez date et dites-lui que vous reviendrez vers elle ce jour-là.

Notez-le sur votre agenda et rappelez-la à l'heure dite !

– *Plusieurs possibilités de réponses ou d'objections : « Non, il n'est pas là », « il est en rendez-vous », « je ne peux pas le déranger », « c'est pourquoi ? », « vous le connaissez personnellement ? », « Pierre DURAND est en réunion », « il est très occupé »*, etc.

Une seule réponse quelle que soit l'objection : « Je comprends très bien… »

Pourquoi une demi-seconde… ? Pour trancher avec l'usage courant !

***Attention** : ce n'est qu'au deuxième « coup » que vous allez sortir votre recommandation !*

Avant c'est trop tôt, après c'est trop tard !

Le « merci beaucoup » doit l'inciter à ne pas ressortir l'une ou l'autre des objections « bateau » ! Il doit couper court à toute velléité de sa part de vous en demander davantage !

– « ***Je comprends très bien**, madame, je souhaite l'avoir une demi-seconde au téléphone, je l'appelle en effet de la part d'Isabelle BIDULE avec laquelle il est en étroite relation professionnelle* » **ajoutez immédiatement** : « *pouvez-vous me mettre en relation avec lui ?* » ***puis fermement et dans la foulée*** : « *merci beaucoup* ».

Objection peu probable. Votre recommandation l'incite à bien vous accueillir.

– *Deuxième objection qui est en général du même acabit que les précédentes.*

*Après la deuxième objection, la tentation est grande de baisser les bras ! C'est pourquoi il est important de **décliner sa trame sans état d'âme** !*

Là, vous la valorisez et vous commencez à l'impliquer

– « *Je vous comprends très bien, madame* », **puis ajoutez** : « *êtes-vous son assistante la plus proche ?* »

– « *Oui, je suis l'assistante de monsieur DURAND…* »

Sortez votre message avec l'idée de la mettre dans la confidence, de l'impliquer de nouveau !

Elle doit devenir votre alliée, ne l'oubliez pas !

– « *Dans ce cas, madame, je m'en remets à vous. Voici les raisons pour lesquelles, madame BIDULE m'a vivement incité à entrer en relation avec monsieur DURAND. Je suis en train de faire un travail approfondi sur (annoncez le thème), sur lequel monsieur DURAND travaille lui aussi et il se trouve que je dispose d'une information qui peut lui être très utile…* »

Détournez son attention du sujet que vous venez d'aborder pour la recentrer sur l'agenda de son patron !

Appuyez sur l'aide qu'elle peut vous apporter et sur sa gentillesse !

ajoutez immédiatement : « *à quel moment pensez-vous que j'aie une chance de l'avoir un quart de seconde au bout du fil… ?* »

Votre objectif : ***qu'elle se souvienne de vous,*** *« une personne si bien élevée ou si originale ou encore si amusante… ! »*

Ça y est elle mord à l'hameçon !

– « *… écoutez, il sera là…* »

Impliquez-la de nouveau !

– **Ajoutez avec courtoisie** : « *M'autorisez-vous, madame, à vous rappeler à ce moment-là… ?* »

Votre objectif, si votre interlocuteur est absent ou en réunion, est de réussir à prendre un vrai rendez-vous téléphonique avec elle pour l'inciter à vous le passer quand il sera là.

Peu de cartouches et peu temps !

Vous disposez de très peu de cartouches : trois au maximum ! Et d'un temps très court. Si donc, à ce stade, votre coup de fil ne débouche pas sur un contact direct avec votre cible, prenez date avec l'assistante pour la rappeler au bon moment. Et surtout notez ses prénom et nom pour la nommer précisément quand vous la rappellerez, sans oublier, avant, de lui demander de ses nouvelles !

Une autre stratégie en cas de blocage : écrire !

Et si, malgré tous vos efforts, vous sentez une forte réticence de l'assistante (ce qui est peu probable avec une recommandation mais à peu près sûr dans le cas d'un rendez-vous pris « dans le dur »), je vous conseille d'écrire un petit mot à votre cible pour annoncer votre intention de rencontre et le sujet que vous voulez aborder (avant d'écrire ce petit mot, reportez-vous au chapitre « Comment parler de soi à l'écrit ? », page 239). Dans la foulée de cette lettre, vous appellerez deux ou trois jours après avec le même objectif : l'avoir quelques instants au bout du fil !

Un rendez-vous de principe ? À tenter si l'occasion se présente…

Il peut arriver que l'assistante propose l'idée de prendre un rendez-vous de principe sans avoir consulté son patron. Bien évidemment, acceptez ce rendez-vous ! Vous pouvez même tenter, chaque fois, de lui suggérer cette idée dès la première objection contrecarrée :

Évitez de parler de rendez-vous ! *Et choisissez une date de rendez-vous deux ou trois semaines plus tard pour ne pas la coincer… !* *Objectif : la rassurer par rapport au **risque** qu'elle va prendre !*	– « *Peut-être peut-on prendre une date de principe…, bien entendu, je vous laisse mes coordonnées de telle sorte que vous puissiez déplacer la date facilement si elle ne collait pas… !* »

Mais ne vous faites pas trop d'illusion, cette situation n'arrivera qu'exceptionnellement. Retenez cependant ceci : plus haut votre interlocuteur se trouvera placé, plus souvent cette situation se produira.

Deuxième cas : votre interlocuteur en direct…

Ça y est, vous l'avez au bout du fil ! Mais attention, vous allez avoir très peu de temps devant vous : une minute dans le meilleur des cas et seulement trois cartouches à tirer !

Aussi, je vous invite à réitérer l'épreuve des trois questions préalables à toute communication : Qui est-il ? Quel est votre objectif ? Qu'avez-vous à dire qui l'intéresse ?

Première question : **qui est il** ?

! Pour chacune de vos cibles, vous prendrez le soin préalablement de les qualifier : sa position, son contexte professionnel, son secteur d'activité, etc. J'ajoute un point important : à ce niveau de responsabilité, la principale angoisse de votre interlocuteur, c'est la gestion de son temps. Rien en effet ne peut l'importuner davantage que d'ajouter un rendez-vous dans son agenda. De telle sorte que rencontrer quelqu'un de sympathique comme vous peut se transformer en « enquiquinement » majeur ! Ne l'oubliez jamais !

Pour atténuer ce risque, faites en sorte de bien utiliser tous les éléments fondamentaux de la communication (voir le chapitre « En guise de préconclusion, quelques points essentiels en termes de communication… ») afin que la perspective de ce rendez-vous soit perçue de manière très positive.

Deuxième question : **quel est votre objectif** ?

! Un seul : **obtenir un rendez-vous à l'exclusion de tous les autres objectifs !** Jamais, au grand jamais, vous ne devez l'oublier. Et ce, malgré toutes les perches maléfiques qui vous seront tendues, du genre : « *Que vendez-vous ?* », « *Quelle est votre entreprise ?* », « *Quelle est votre expérience ?* », « *Pouvez-vous m'en dire un peu plus ?* », « *Vous pouvez m'envoyer votre CV ?* », etc.

Toutes ces questions ne sont que des échappatoires pour différer la rencontre. N'y prêtez pas le flanc ! (Vous verrez plus loin comment ne pas en être la victime).

Vous resterez donc vigilant et vous vous attacherez à ne pas vous écarter de votre trame.

Troisième question : **qu'avez-vous à dire qui l'intéresse** ?

! Constituez une petite réserve d'arguments dont vous pouvez vous servir pour faciliter l'obtention d'un accord de sa part pour un rendez-vous. Ils doivent être liés à votre message central (relisez le chapitre consacré à la présentation en 2 minutes et celui à celle en quelques secondes). Ces messages doivent en être l'illustration. Ils seront exprimés en termes de résultats atteints, de valeur ajoutée probable pour votre cible (exemples : des informations, des méthodes originales, un benchmark sur tel ou tel sujet au cœur de la préoccupation de votre interlocuteur…). Ces arguments serviront à l'appâter en lui donnant l'idée qu'il va y gagner en vous recevant. Ainsi, vous donnez avant de recevoir : c'est avec une stratégie gagnant-gagnant qu'il faut jouer, surtout au téléphone !

Dans ce cas aussi, gardez-vous de développer vos arguments au téléphone ! Quoi qu'il arrive et quelle que soit la question, proposez d'apporter une réponse lors de la rencontre. Même si vous avez une furieuse envie, fort de votre sujet, d'y apporter une réponse immédiatement ! Il s'agit d'un piège ! Rappelez-vous votre seul objectif : **obtenir le rendez-vous** !

De l'importance de la mécanique imparable de la trame… !

Un dernier point sur la trame que je vais vous proposer : je vous invite à faire davantage confiance à sa mécanique qu'à vos propres interrogations métaphysiques ! Une fois adaptée à votre manière, à votre façon de vous exprimer et une fois apprise par cœur, appliquez-la sans état d'âme. En y ajoutant votre note personnelle, votre originalité et de l'enthousiasme, vous verrez, ça marche !

En voulez-vous la preuve ?

Voici l'histoire de Pierre, bègue léger dont j'ai le meilleur des souvenirs parce que j'ai beaucoup appris à ses côtés. Il était d'ailleurs reconnu comme le meilleur des coaches commerciaux. Sur son handicap, il n'avait aucun complexe. Du moins n'en faisait-il pas état. Au téléphone, il déclinait sa trame de prise de rendez-vous avec un aplomb magistral sans s'en écarter d'un poil ! Chaque objection, chaque obstacle venant de son interlocuteur étaient immédiatement intégrés dans sa trame et celle-ci se déroulait lentement vers le but final : obtenir le rendez-vous. En l'écoutant, on pouvait penser que ces objections formulées par son interlocuteur, il ne les entendait pas, ou bien qu'il était sourd… Ce qui, pour le coup, faisait beaucoup pour un seul homme… ! Bien sûr, tel n'était pas le cas. Sa trame était simplement à ce moment-là ce qui lui donnait de l'assurance et sa méthode fonctionnait en effet de manière très efficace !

Je me souviens qu'il butait parfois sur les mots. Loin de perdre pied, il en renforçait sa prestation. D'une certaine manière, ses hésitations à débiter sa trame augmentaient la qualité de l'écoute de ses interlocuteurs.

De ce bégaiement, il jouait magnifiquement. Fragilité objective au départ, il le transformait en une force qui le ramenait, quoi qu'il arrive, vers le droit chemin de sa trame…

Longtemps, je me suis demandé si, au fond, il ne se jouait pas ainsi de tout le monde… ? Peut-être avait-il compris que rien n'est pire qu'un robinet d'eau tiède et que les artifices pour forcer l'attention ne sont pas inutiles !

Petite pause pour réfléchir sur 2 techniques imparables

Voici quelques explications sur chacune de ces techniques que vous allez être amené à utiliser. Vous en trouverez des applications dans la trame que nous allons dérouler ensemble. Mais imprégnez-vous d'abord de la théorie…

! **L'alternative** : elle est là pour faciliter l'obtention du rendez-vous. Elle est un piège que vous allez tendre à votre interlocuteur qui a pour but de déplacer son attention sur les aspects pratiques et notamment sur son agenda. Les yeux fixés sur celui-ci, il ne pense plus à l'objet de votre appel.

Cette alternative doit être amenée sans temps mort avec l'offre dont vous venez de lui parler. Exemple : « *Je souhaite vous rencontrer pour vous parler d'une expérience que je suis en train de mener dans le même domaine que le vôtre… voulez-vous la semaine prochaine ou bien préférez-vous la semaine d'après…, à moins que vous ne préfériez la semaine suivante… ?* »

! **Les objections** : elles fonctionnent pour l'interlocuteur comme un moyen de se protéger. Cela consiste pour lui, face à votre offre pressante d'être reçu, à vous envoyer quelques parades (ou « patates chaudes… ») que vous aurez à gérer.

La plupart des objections sont dites fausses. C'est-à-dire qu'elles ne reposent sur rien de vrai. Elles ne sont utilisées que pour freiner l'ardeur du solliciteur que vous êtes. Dans ce cas, le simple fait de les reformuler conduit votre interlocuteur à en changer. Exemple : après qu'il a dit « *hélas, je suis très occupé…* », vous pouvez reformuler : « *je comprends, vous êtes très occupé en ce moment…* » en revenant par ailleurs sur votre offre de rendez-vous. Vous verrez, il va passer à une autre objection et vous dire quelque chose comme « *et puis en plus je ne peux pas embaucher en ce moment…* », ou « *je n'ai pas de budget pour acheter quoi que ce soit en ce moment…* », etc.

Quelle doit être votre réponse ? La même : « *Je comprends très bien…* » et vous devez revenir sur votre offre de rendez-vous en reproposant une alternative de rendez-vous !

D'autres objections sont dites vraies. Le bon moyen de le savoir est le suivant : si au terme d'une reformulation, l'objection est répétée, cela veut dire qu'elle repose probablement sur quelque chose de vrai.

Mais revenons à votre cible. Voici la deuxième trame qui n'est qu'un modèle et qui doit vous aider, je vous le rappelle, à construire la vôtre.

Il s'agit d'une trame avec recommandation : quelqu'un vous a donné la permission d'appeler cette personne de sa part.

– « Bonjour, monsieur »,

– « *Bonjour, monsieur* »,

Annoncez tout de suite votre recommandation

« Jean DUPONT, je vous appelle de la part de Pierre TRUC avec lequel vous êtes en relation. Celui-ci m'a vivement conseillé de vous rencontrer », **ajoutez immédiatement :** *« et je voulais savoir si cela était possible la semaine prochaine… à moins que vous ne préfériez la semaine suivante… ? »*

Proposez une plage vaste de rendez-vous

Première objection !

– « Mais attendez, vous voulez me voir pour quoi faire ? »

Accueillez l'objection

Servez-lui votre message

Si je mets des points de suspension, c'est pour vous faire remarquer les légers temps morts à observer. Une sorte d'hésitation de façade pour donner de la vraisemblance à votre proposition. Vous êtes au théâtre, ne l'oubliez pas !

– « ***Je comprends très bien****, monsieur, je souhaite vous rencontrer parce que je dispose d'une expérience originale sur… (annoncez votre message supposé au cœur des préoccupations de votre cible). Expérience dont j'ai fait part à Pierre TRUC qui m'a conseillé de vous en parler… »* **ajoutez immédiatement l'offre alternative :** *« est-ce que cela est possible la semaine prochaine ou bien peut-être… préférez-vous la semaine suivante… ? »*

Deuxième objection !

– Objections principales : *« je n'ai pas le temps », « vous pouvez m'en dire un peu plus… ? », « des coups de fil comme le vôtre, j'en reçois dix par jour », « je suis très occupé », « c'est pourquoi exactement ? », « vous savez, on n'embauche pas en ce moment, on fait plutôt le contraire », « envoyez-moi votre CV »*, etc.

***Attention** : c'est votre dernier coup ! Il s'agit d'une « botte » qui doit être **« mortelle »**... !*

Pour cela, il faut que vous énonciez le message comme un professionnel de théâtre. Dans une telle offre, il y a beaucoup de choses : de la clarté, de la précision, de la simplicité et un peu d'humour.

Il faut y ajouter un ton, une articulation, de la fermeté et aussi de la souplesse...

*Apprenez-la « par cœur », c'est-à-dire **avec le cœur** !*

– « *Je vous comprends très bien, monsieur mais...* » **Là, vous allez casser le rythme et dire les trois phrases suivantes avec infiniment de force et de conviction :** « *Je vais être très franc avec vous, monsieur : je souhaite vous rencontrer 15 minutes, pas une de plus. 15 minutes me suffisent en effet pour vous dire qui je suis, quel est mon projet et ce que je peux vous apporter. Si au terme de ces 15 minutes, vous n'êtes pas intéressé, je le comprendrai très volontiers et nous nous quitterons bons amis. Si en revanche vous êtes intéressé, eh bien, nous reprendrons date pour aller plus loin ; en tout état de cause, nous ne dépasserons pas 15 minutes...* »

Il vous faut « jouer » cette partie comme au théâtre, en mêlant hésitation et fermeté dans la proposition !

Observez un temps de silence (trois secondes maximum) puis ajoutez immédiatement l'offre alternative : « *Est-ce que la semaine prochaine... ? ou peut-être... le début de la semaine suivante vous conviendrait mieux... ?* »

Cette réponse est le signe qu'il est en train d'accepter le rendez-vous !

– « *Non, pas la semaine prochaine...* »

Continuez de le faire penser à son agenda avec plus de précision à chaque fois !

– « *Dans ce cas la semaine suivante* », **et ajoutez une nouvelle alternative :** « *Voulez-vous le début ou bien peut-être la fin de semaine... ?* »

– « *Non pas la fin de semaine…* »

Embrayez de nouveau sur une alternative plus précise !

– « *Voulez-vous lundi ?* » **ajoutez immédiatement :** « *Préférez-vous le matin ou l'après-midi ?* »

– Etc.

Comment bien terminer l'entretien téléphonique ?

Qu'il s'agisse de l'assistante ou de votre interlocuteur, sachez procéder ainsi :

– Si le rendez-vous est obtenu, vous devez confirmer oralement la date, l'heure et l'endroit en répétant « *donc, nous nous rencontrons le…* » N'hésitez pas à lui demander conseil pour vous rendre au rendez-vous en lui demandant de vous aider (« *quel est le métro le plus proche… ?* » ou « *comment faire pour venir en voiture… ?* ») De la sorte, vous allez l'impliquer et vous ferez baisser considérablement le risque d'annulation ultérieure du rendez-vous.

– Si vous n'avez pas obtenu de rendez-vous pour le moment (vous sentez qu'il est « charrette », que ce n'est vraiment pas le moment…), prenez date pour un nouvel essai : « *À quel moment pensez-vous que je puisse vous rappeler pour vous rencontrer… ?* » Annoncez-lui que vous allez renouveler votre appel par exemple « *à la fin du mois prochain…* » et essayez d'obtenir de sa part son accord de principe sur ce point : « *M'autorisez-vous à vous rappeler le mois prochain… ?* » Bien entendu, vous respecterez votre engagement à le rappeler en temps voulu !

CHAPITRE 13

Comment parler de soi à l'écrit ?

Quelques constats sur l'écrit…

Écrire…, la page blanche… et c'est déjà l'angoisse ! L'idée même d'avoir simplement à se mettre à écrire… et l'on cherche immédiatement à esquiver l'exercice ! Pour la plupart d'entre nous en effet, écrire ne va pas de soi. Quant à écrire sur soi, alors là, n'en parlons pas. C'est vraiment l'exercice auquel on ne souhaite surtout pas être confronté.

Il faut d'ailleurs reconnaître qu'à moins d'être écrivain et de surcroît être versé dans l'art de se raconter, cet exercice est assez rarement demandé. Aujourd'hui, on écrit sur soi dans quelques cas bien particuliers : lorsque l'on cherche un emploi, quand on tient, par exemple à l'issue d'un entretien professionnel ou lors d'un entretien de réseau, à remercier en laissant une trace.

On peut être également amené à le faire lorsqu'on raconte ses vacances, un périple… mais d'ailleurs raconte-t-on encore ce genre de choses dans notre siècle de communication étourdissante où le verbe se fait de plus en plus court, voire inexistant ?

Il y a aussi le fameux CV que tout le monde réclame mais que personne ne lit vraiment et dont il faut bien reconnaître qu'il est un outil sans grande capacité de séduction. Je n'ai pas dit « rebutant » mais presque…

Et puis on peut être amené à écrire sur soi dès lors qu'on souhaite émettre des messages nous concernant : un mini CV pour une offre de service figurant dans une proposition commerciale par exemple, un résumé de carrière permettant de construire un message à destination de la presse, ou bien encore tout type de message destiné à être divulgué dans ou hors de l'entreprise.

Avant d'entrer dans le vif du sujet avec des exemples concrets, je vous suggère d'accorder quelque attention à ces constats suivants que l'on peut faire sur la communication écrite.

Premier constat : si de nombreuses occasions existent de parler de soi par écrit, le **caractère rebutant** de l'exercice fait qu'il n'est guère une priorité. Je me souviens, par exemple, d'une période où je dirigeais la formation d'un grand groupe français. Je cherchais alors à rapprocher les opérationnels de l'entreprise des nouveaux entrants dans le groupe (les jeunes diplômés par exemple). En vue de les préparer à rencontrer ces jeunes diplômés, je demandais alors aux patrons d'unité de faire l'effort de formaliser leur propre parcours par écrit en plus de la présentation de leur unité. Ce parcours personnel illustrait en général non seulement la logique de leur réussite mais favorisait aussi grandement la compréhension de leur métier actuel par ces nouveaux entrants.

Rebutant mais tellement efficace !

Je dois avouer que j'avais le plus grand mal à obtenir ce que je souhaitais, ce qui m'obligeait souvent à me rapprocher d'eux, à les faire parler et à préparer le travail à leur place en me transformant en rédacteur de leur propre trajectoire ! Au final, ils étaient triplement gagnants : je leur facilitais le travail de préparation de leur intervention et, en s'étant préparés et en ayant formalisé leur parcours, non seulement ils faisaient mieux comprendre leur métier mais ils déclenchaient une attirance bénéfique de ces jeunes « entrants » pour leur unité.

Deuxième constat : dans le cas d'une recherche d'emploi (comme dans celle du développement commercial d'ailleurs mais pour d'autres raisons), peu de gens utilisent l'écrit pour parler d'eux. Et quand ils le font, c'est en privilégiant les formes les plus classiques et les plus ennuyeuses de la lettre de motivation accompagnant l'inénarrable CV. Hélas, on s'en remet bien trop souvent à la remise du CV en faisant semblant de croire que ceci suffira… En procédant ainsi, on prête le flanc à la **facilité et à la convention** !

Mais enfin y a-t-il une autre explication sérieuse que celle-ci au fait de ne pas écrire : « *L'exercice est* ***difficile*** *donc je préfère utiliser d'autres voies quand bien même je sais au fond de moi-même qu'elles sont usées jusqu'à la corde… !* »

Troisième constat : l'outil de communication interpersonnel aujourd'hui le plus utilisé est l'email. Celui-ci tend à être de plus en plus perçu comme **assommant** dans la mesure où il vient s'ajouter aux dizaines d'autres messages que chacun reçoit tous les jours et auxquels une attention normale ne suffit plus.

Il faut donc savoir en tirer les conclusions : dans vos démarches « commerciales », si vous ne connaissez pas très bien votre interlocuteur, vous ne serez pas attendu et donc vos chances d'être lu par ce canal sont minimes.

Quatrième constat : l'écrit exige de la **concision**. Vos destinataires reçoivent beaucoup de sollicitations écrites. N'espérez donc pas être lu plus de quelques lignes surtout si vous n'êtes pas connu par eux. Lors de la rédaction, vous ferez un effort particulier dans le choix de vos arguments : commencez par les formaliser puis supprimez ceux qui ne sont pas nécessaires. Aristote dit que « *La nécessité c'est l'impossibilité du contraire.* » En conséquence, demandez-vous à chaque argument, à chaque mot ou chaque idée : est-ce nécessaire ? Si tel n'est pas le cas, supprimez ! Une œuvre est achevée non quand il n'y a plus rien à rajouter mais quand il n'y a plus rien à enlever.

Cinquième constat : vous devez soigner votre entrée en matière, votre introduction qui doit donc fonctionner comme un véritable « coup de fusil ». Surprise, intrigue, étonnement, message un peu décalé, séducteur… que sais-je… ? Choisissez ce que bon vous semble mais faites en sorte que votre lecteur ne vous quitte pas dès la deuxième ligne !

Souvenez-vous du secret des bons journalistes : **révéler** (lancer un scoop), **étonner** (choisir un angle d'attaque original du sujet abordé) puis **raconter** (se rapprocher du lecteur par l'humanité qui est en lui en lui racontant des histoires d'hommes[20]).

Voici quelques circonstances dans lesquelles un écrit peut s'avérer pertinent et efficace pour parler de soi. Les deux premiers se situent dans un contexte de redynamisation de carrière ou de recherche d'emploi, les deux suivants, dans le cadre d'une réactivation de business et les deux derniers pour ne pas être oublié après avoir été reçu.

Parler de soi à l'écrit pour réactiver sa carrière (ou pour rechercher un emploi)

– Parler de soi pour relancer son réseau professionnel

Pour reprendre contact avec ce réseau, bien des moyens existent pour leur demander de leurs nouvelles mais vous pouvez aussi leur écrire ! Écrire pour retrouver ce réseau qui n'attend d'ailleurs que cela : vous retrouver aussi ! Car, n'en doutez pas, eux aussi sont dans les mêmes dispositions frileuses !

Certes il faudra parfois se forcer un peu.

Pour vous faire comprendre l'idée qui va suivre, je vous propose de vous faire lire un modèle du genre. Il s'agit d'une lettre que j'ai reçue un jour où la presse, dans un entrefilet, m'a fait l'honneur de parler de moi à l'occasion d'un changement professionnel. Je m'empresse d'ajouter que cette personne n'est pas un intime, que je l'avais côtoyée dans mon parcours professionnel peut-être trois ou quatre fois. Mais de toute évidence, ceci avait suffi à créer entre nous quelques liens faits d'une certaine estime professionnelle et de sympathie qui ont forgé le souvenir que nous avions l'un de l'autre.

Voici la lettre :

Examinez la structure de la lettre

20. Philippe AMAURY, ex-patron du *Parisien*.

« Cher Yves,

Immédiatement dans l'empathie avec une sollicitation de l'interlocuteur ainsi qu'un soupçon d'intrigue, juste de quoi retenir l'attention !

Beaucoup de temps s'est écoulé depuis que nous nous sommes vus et il va falloir vraisemblablement que tu puises loin dans ta mémoire pour resituer nos derniers contacts.

Souviens-toi : compagnie X, société Y… Nous étions jeunes, beaux et sûrement pleins d'illusions. Je n'ai pas oublié qu'à l'époque tu m'as facilité l'accès comme auditeur libre à des formations organisées par la société Y, dont j'ai durablement tiré parti.

Évocation du passé commun, un brin d'humour et un remerciement bien amené !

C'est grâce à un entrefilet dans la presse que j'ai appris que tu avais récemment rejoint le cabinet W.

Je suis moi-même en train de réfléchir à un nouveau projet professionnel, donnant ainsi corps à une idée que je caresse depuis quelques années et dont j'aimerais te parler.

Ce n'est qu'à ce moment qu'il commence à parler de lui !

J'aurais grand plaisir à te rencontrer pour que nous puissions évoquer le cours « tranquille » de nos vies depuis le milieu des années 1990, au cours d'un déjeuner amical par exemple.

Invitation à se projeter ensemble dans l'avenir en commençant par évoquer l'idée de s'amuser du passé !

Je t'invite à me joindre par téléphone ou par email afin que nous convenions d'une date, si le principe d'un déjeuner t'agrée.

Dans cette attente, je te prie, cher Yves, de croire en l'expression de mes sentiments les meilleurs et de mon amical souvenir.

P. L. »

Dans cette lettre, il me semble qu'il y a tout : de l'empathie, de la composition, de l'humour et surtout de l'écriture… !

Son intention est claire : envisager de nouvelles perspectives de développement. Nous nous étions perdus de vue et cette simple lettre est venue réactiver un lien distendu.

Mon premier geste fut de lui envoyer un message en lui proposant un déjeuner. Celui-ci fut suivi de bien d'autres contacts qui ont été profitables pour chacun dans sa partie.

Questions : croyez-vous qu'une telle lettre soit chose banale ? Pensez-vous sérieusement que parmi le tas d'informations insipides que chacun reçoit chaque jour, ce message ne va pas se distinguer des autres ? Ne pensez-vous pas que son impact est justement d'autant plus fort qu'il va à l'encontre de ce que nous recevons tous les jours, par Internet notamment ?

Vous aussi, vous pouvez de votre côté chercher à reproduire un tel exemple de relance de votre réseau en produisant le même impact sur vos anciennes relations. C'est le meilleur moyen pour vous de vous remettre en marche vis-à-vis d'une éventuelle réactivation de votre carrière.

Enfin dernière remarque qui, je l'espère, va déranger un peu vos certitudes : et si en ne cherchant pas à réactiver votre réseau, vous priviez en réalité vos relations du plaisir d'avoir de vos nouvelles ou de vous revoir ? Pire : et si vous les priviez du plaisir réel de vous rendre service ? (voir le chapitre : « À qui parler de soi ? : le réseau », page 20).

Ce modèle de lettre peut être parfaitement adapté à la réactivation du réseau pour se repositionner sur le marché, que vous soyez ou non encore dans l'entreprise. Je vous conseille d'ailleurs de ne pas attendre d'être hors de l'entreprise pour songer à réfléchir à cette question de votre évolution mais plutôt de l'anticiper !

– Parler de soi pour trouver (ou retrouver) un job

Même raisonnement pour rechercher un emploi nouveau. On croit toujours que cette recherche doit passer uniquement par le biais d'intermédiaires censés nous aider à en retrouver un. Mais ceci est un leurre. Si vous cherchez à atteindre celui qui, de fait, peut être intéressé par votre offre, pourquoi ne pas le faire directement ?

N'en doutez pas, ce qui nous empêche de le faire se situe, comme pour le réseau, du côté des a priori nombreux que nous avons. Ceux-ci d'ailleurs nous maintiennent dans une situation confortable qui nous permet d'éviter le plus dur : transpirer pour arriver à écrire une belle lettre avec une réelle composition et un peu de beauté dans la forme comme dans le fond.

Le cas dont je vais vous parler est un cas d'école : un cadre dans le domaine alimentaire souhaitait se repositionner sur ce marché. L'ennui était qu'il avait choisi de s'implanter en province pour des raisons familiales et que, dans celle-ci, le choix était fort restreint.

Une société l'attirait particulièrement : elle correspondait à sa culture (une PME), son développement régulier depuis quelques années la rendait attrayante et visiblement l'âge du capitaine laissait supposer que l'expérience internationale que ce cadre avait à offrir ainsi que sa trajectoire effectuée dans de plus grands groupes familiaux, pouvaient intéresser une telle PME.

L'ennui était que pour approcher cette entreprise, il n'avait pas d'entrée, pas de relais. Il lui fallait donc envisager l'approche directe, « dans le dur », en s'appliquant à faire une lettre percutante ! Parfois dans ce genre d'exercice, on dispose d'une seule cartouche !

Il se mit donc au travail et, à force de s'être savamment renseigné sur cette entreprise et son capitaine, et à force d'avoir bien sucé son crayon pendant quelques semaines, voici la lettre qu'il réussit à faire. Je précise qu'il l'a envoyée au président directement, par courrier simple avec sur la lettre la mention « personnel » :

Examen de la structure de la lettre

D'entrée, l'attention est centrée sur la situation particulière du destinataire. Notez le bon sens et parfois l'audace de certaines remarques !

« Monsieur le président,

Vous envisagez peut-être de recruter un adjoint.

Mais vos occupations professionnelles sont telles que ce projet est toujours retardé. La conduite d'une entreprise privée est en effet un travail de tous les instants, et l'on ne double pas en quatre ans son chiffre d'affaires sans choisir des priorités et malheureusement devoir faire l'impasse sur quelques actions.

Si vous vous reconnaissez dans cette analyse, je vous propose ma candidature.

Belle transition pour passer de la situation du destinataire à celle de l'émetteur.

Ma participation au développement de deux sociétés familiales, gage d'un réel esprit d'entreprise, me rend immédiatement opérationnel pour accompagner vos réflexions et conduire vos décisions.

Même remarque avec en plus une ouverture sur l'avenir !

Il fait mine de parler de lui mais c'est en fait des attentes du destinataire dont il est question ! Son souci de développement et celui de faire comprendre qui est le chef !

Pour votre expansion, je vous apporte mes compétences d'analyse, de synthèse et de management, de direction et d'animation commerciale. Une rencontre nous permettrait d'étudier vos besoins et d'envisager nos possibilités de collaboration.

Invitation bien amenée vers une proposition de rencontre.

Je me permettrai de prendre contact avec vous prochainement sur ce sujet.

Je vous prie de croire, monsieur le président, à l'expression de mes salutations distinguées.

D. P. »

C'est un modèle de sobriété. Elle illustre comment parler de soi en évoquant la situation du destinataire avec en filigrane l'offre que l'on va lui proposer correspondant à ses attentes. Tout l'art d'un tel écrit consiste dans ce savant mélange de soi et de l'autre !

Elle est directe, va à l'essentiel, frappe juste et reste très concrète dans l'expression. Ce que l'émetteur dit de lui est simple, court mais attrayant. Et son discours est à l'évidence en phase avec ce qui était supposé être attendu au regard des informations qu'il avait pris le soin de collecter.

Cette lettre a produit ce que ce cadre en attendait : il a non seulement été reçu mais il a été embauché.

À ma connaissance, dans sa recherche d'emploi, il n'a écrit qu'une seule lettre : celle-ci. Et le succès qu'il a obtenu est bien le fruit de ce long travail de composition.

Parler de soi à l'écrit pour développer son business

Vous êtes chef d'entreprise, à la tête d'une business-unit que vous souhaitez développer. Vous sentez que le temps est venu de redynamiser votre affaire et qu'il vous faut faire une action de communication en direction de votre marché.

Bien sûr il va vous falloir repartir de votre fichier de prospects et de clients. Et la tentation est grande de chercher à commencer par le marché des prospects en oubliant ceux qui vous sont le plus proches : vos clients.

Il est en effet plus confortable et moins engageant d'envoyer une lettre à d'hypothétiques prospects inconnus que de reprendre contact avec des clients quand bien même une sollicitation simple et bien construite permettrait de réactiver le business que l'on fait avec eux !

Conséquence : il faut éviter de vous confronter au plus difficile et faire ce qui, en pratique, est le plus simple : aller vers ceux qui, parce qu'ils vous connaissent, vous tendent les bras dans huit cas sur dix ! Comme pour le réseau au paragraphe précédent, il faut savoir éviter cette erreur qui consiste à aller chercher ailleurs et souvent bien loin ce que l'on a sous le nez. Ce qui ne veut pas dire qu'il ne faut pas songer aussi à viser le marché de vos prospects qui vous attendent sûrement...

Cet écrit, en parlant de vous, de votre business et de vos projets, va vous permettre de ré-activer vos contacts. Et n'oubliez jamais que votre objectif, dans le cas présent, est de vendre !

– Parler de soi à l'écrit pour relancer son business en sollicitant son réseau

L'objectif poursuivi est ici de partir de ceux que l'on connaît.

Voici une lettre dont la structure ressemble à celle servant à relancer son réseau dans le cas où l'on recherche un emploi. Avec cependant quelques différences :

Il vaut mieux nommer par son prénom votre interlocuteur mais utiliser « ami » si vous n'êtes pas sûr d'être suffisamment familier.	*« Cher ami (cher Pierre),*
Soyez empathique au début. *Puis resituez le contexte commun, il n'en a pas forcément gardé le souvenir aussi précisément que vous.*	*Vous vous en souvenez sûrement, du temps où nous tentions ensemble de restructurer l'activité X au sein du groupe W, nous discutions souvent de l'idée de disposer d'un outil d'aide à la décision.*
Progressivement, vous faites glisser le propos sur vous… !	*Depuis, chacun a évolué vers son destin, le vôtre vous ayant conduit à diriger Y, le mien, après quelques expériences très enrichissantes, à relever aujourd'hui un nouveau défi : lancer M.*
***En parlant de vous**, continuez à le mêler à votre histoire !*	*C'est d'ailleurs en partant de nos échanges de l'époque que j'ai développé un nouvel outil d'aide à la décision qui intègre cette dimension de développement commercial à laquelle, je m'en souviens, vous étiez si sensible.*
Soyez pratique et, en faisant ceci, vous le rassurez sur le temps que ce rendez-vous va lui prendre !	*Avec des exemples concrets de résultats très significatifs obtenus auprès de clients dont les problématiques sont, sans doute, voisines de Y, je serais très heureux de vous présenter ce nouvel outil.*

Soyez direct et gardez le caractère empathique !

Pour cela, il me faut 15 minutes maximum et l'équivalent pour recueillir vos réactions.

Prenez la main et indiquez une échéance pour relancer l'affaire !

En me réjouissant à l'idée de vous revoir, je me permettrai de vous appeler dans les jours qui viennent pour prendre rendez-vous.

Bien à vous,

V. A. »

Important : ne laissez pas trop de temps entre l'envoi et le rappel. Au maximum sept jours : si votre envoi se fait le lundi, idéalement rappelez le vendredi qui suit.

– Parler de soi à l'écrit pour relancer son business en « tapant dans le dur »

Vous cherchez à développer votre affaire et pour ce faire, vous vous dites qu'il vous faut aller vers le plus dur, c'est-à-dire affronter le marché.

Vous avez donc le choix entre faire appel à un cabinet qui va accompagner votre réflexion en amont pour vous préparer à écrire le bon message à lancer auprès de vos prospects. Solution sans doute très bonne mais coûteuse et dont la nécessaire sous-traitance n'est pas forcément le meilleur choix. Elle va en effet vous éloigner du cœur de votre priorité : élaborer le bon message dont vous seul avez le secret ! Comment en effet laisser à d'autres le soin de dire ce que vous seul pouvez dire ? Sur vous, sur vos talents, ceux de votre entreprise, sur ce qu'elle sait faire mieux que d'autres… ! Pour la phase finale, vous pouvez bien sûr envisager de vous faire aider par plus fort que vous en écriture. Mais pour ce qui concerne le fond du message, sucez votre crayon et lancez-vous !

Voici donc deux exemples de lettres écrites par deux chefs d'entreprise pour relancer leur business. Essayez de vous en inspirer pour écrire les vôtres.

Lettre d'un chef d'entreprise agissant dans la sécurité informatique à un autre chef d'entreprise d'un autre secteur

« Chère madame ou cher monsieur,

Une accroche pour capter l'attention de votre interlocuteur ! Avec juste ce qu'il faut de surprise et d'intrigue.

On dit que mille et une inquiétudes accompagnent le chef d'entreprise chaque jour et parfois même la nuit… !

Or il en est une, de taille, que vous pouvez faire disparaître à jamais : ***celle causée par l'insécurité informatique****.*

De l'empathie pour évoquer les problèmes à celui qui vous lit.

Dans votre activité de services où l'information est la matière première, une panne de serveur, un virus, un dégât des eaux ou un incendie ne pardonnent pas ! Il en va de la confiance que vos clients vous accordent et de la fiabilité des développements d'activité que vous escomptez.

Pas de transition : ***parlez de vous en parlant de lui*** *mais en étant direct, concis et en répondant à la question que votre interlocuteur se pose sans doute !*

Mon métier ? Faire disparaître cette inquiétude pour vous permettre de vous concentrer sur l'essentiel !

Un peu de mode d'emploi pour le rassurer (du concret).

Nous agissons en deux temps : un temps d'échange et d'analyse afin d'établir le meilleur des diagnostics et un temps pour bâtir ensemble la solution la plus adaptée.

Là aussi soyez direct et proposez-lui simplement un objectif : le rendez-vous.

Et parce que c'est dans le calme qu'il faut envisager la tempête ainsi que les moyens de s'en protéger, je vous propose que nous en discutions ensemble paisiblement le jour qui vous conviendra.

Annoncez-lui que vous allez prendre l'initiative de l'appeler et ***tenez-vous à cet engagement***

Je vous appellerai dans les jours prochains pour prendre un premier rendez-vous de découverte mutuelle qui, bien sûr, ne vous engage en aucun cas.

Je suis très heureux à l'idée de vous aider de quelque manière que ce soit.
Bien cordialement,

G. M. »

Lettre d'un chef d'entreprise agissant dans la formation commerciale à un autre chef d'entreprise d'un autre secteur

« Chère madame, cher monsieur,

Se mettre à sa place en évoquant ses interrogations les plus probables. En faisant ainsi, c'est aussi de vous que vous parlez !

Quand les résultats commerciaux ne sont pas à la hauteur, je suis sûr qu'il vous arrive, dans votre déception, de vous dire que vous avez pourtant tout essayé : les bonnes résolutions, la stimulation de l'équipe, les innovations matricielles, la pub, le parrainage, …

Vos questions sont d'ailleurs toujours les mêmes : mes commerciaux sont-ils à la hauteur ? Utilisent-ils les meilleures techniques ? Que disent-ils exactement de l'entreprise ? Ont-ils une écoute suffisante ? Et moi-même, en tant que chef de l'entreprise, mon investissement personnel dans le développement et la recherche de clients nouveaux est-il adapté et optimal ?

Sans transition, enchaînez avec votre offre !

C'est pour répondre à ce type de questions que j'ai créé XY Consulting. Avec un seul objectif : apporter à chacun des maillons de la chaîne commerciale la bonne valeur ajoutée qui optimisera l'efficacité de l'ensemble.

Parler de ses conquêtes est une bonne façon de parler de soi !

C'est ce que nous faisons avec nos principaux clients et c'est l'une des raisons de leur fidélité comme celle que nous accorde la société WC ou bien le groupe H…

Évoquer ce que vous allez concrètement lui apporter est une bonne façon de parler de vous !

Dans un premier temps, je vous propose de vous rendre visite et d'examiner avec vous les réalités de votre organisation commerciale.

Vous montrez que vous savez vous engager !

Et, à l'issue de cet entretien, je m'engage à vous livrer deux ou trois pistes de réflexion sur lesquelles nous pourrions envisager une collaboration, dans le cas seulement où vous le souhaiterez.

Prendre date !

Dans les jours qui viennent je me permettrai de vous appeler afin de prendre date.

Je me réjouis à l'idée de vous parler de notre expérience et de vous aider à obtenir de meilleurs résultats commerciaux.

Très sincèrement,

F. L. »

Parler de soi à l'écrit pour ne pas être oublié après avoir été reçu

Il ne faut jamais rater cet exercice. D'abord parce que peu de gens le font naturellement, ensuite parce que quand il est fait, il est le plus souvent mal fait. Enfin parce qu'avec Internet et sa profusion d'informations, ces remerciements disparaîtront dans le tas d'informations reçues. Vous avez peu de chance que votre remerciement, ainsi négligé, soit distingué parmi les autres.

Essayez-vous à la lettre de château !

C'est pourquoi je vous conseille de passer du temps à travailler cette « lettre de château » ! Autrefois, celle-ci avait pour but de remercier son hôte du séjour que l'on avait passé dans sa maison. Ces séjours pouvaient durer plusieurs jours, voire plusieurs semaines. Et, si on voulait être réinvité, l'on se devait de marquer le coup en écrivant une belle lettre avec du fond et de la forme ! Une lettre de château ne faisait pas moins de quelques pages. Elle avait du contenu et de la forme. À l'époque, il y avait peu de communication et elle risquait fort d'être lue et relue de nombreuses fois à condition, bien sûr, qu'elle soit intéressante à lire !

Bien évidemment, ce message de remerciement n'a pas besoin d'être écrit sur le même mode. Personne ne comprendrait que vous en fassiez trop ! Et personne n'aurait d'ailleurs le temps de lire votre littérature ! Cependant je vous conseille de chercher à reproduire l'esprit d'une lettre de château.

Il faudra un message court mais bien agencé ; de telle manière que votre lecteur puisse le lire avec plaisir et retrouver dans ce message l'essentiel de ce que vous lui avez dit. Pour vous, l'objectif est de frapper son esprit une deuxième fois afin d'augmenter les chances qu'il se souvienne de vous.

Voici deux modèles de lettre de remerciement :

Premier modèle : après une visite de « réseau » dans laquelle vous avez eu une occasion de parler de vous. Il s'agit d'une visite qui n'a débouché sur rien de précis mais qui, pour autant, doit laisser une trace : on ne sait jamais, une idée peut surgir le lendemain de votre visite, à l'occasion d'un échange de votre interlocuteur avec quelqu'un d'autre. Si vous avez laissé une trace de votre passage et si en plus elle est bien tournée et donne envie d'y revenir, vous pourrez espérer une issue heureuse. C'est la raison pour laquelle il faut bien faire les choses, de la meilleure manière ! « *Les manières sont tout… disait Talleyrand*[21]*… !* »

« Cher monsieur ou chère madame,

Permettez-moi tout d'abord de vous remercier de votre accueil et du temps que vous m'avez consacré.

J'ai pris bonne note des remarques (observations) que vous avez formulées (le cas échéant) et je suis en train de les intégrer dans mes réflexions.

Un message court et clair. Surtout évitez les formules du genre : « … vous remercier de la qualité de votre accueil. » Qui êtes-vous en effet pour qualifier ainsi cet accueil ?

21. ALAIN, *Propos sur le bonheur*, Folio essais, 1928, page 12.

Impliquez votre interlocuteur ! C'est ainsi qu'il pensera à vous si besoin était.

Il doit s'y retrouver par rapport à ce que vous lui avez dit lors du rendez-vous.

Ainsi que je vous l'ai dit, je… (rappelez-lui ce sur quoi vous l'avez abordé en revenant sur votre sujet principal : l'objectif que vous poursuivez dans votre recherche d'emploi ou celui dans votre démarche commerciale).

Soyez encore remercié des recommandations que vous avez bien voulu me faire (s'il a eu la bonne idée de vous en faire ou si, par ses questions, il a contribué à faire émerger une idée de contact). Je vais les contacter dans les jours qui viennent.

Revenez sur ces recommandations, c'est le meilleur moyen qu'il vous aide en les prévenant, par exemple, de votre prochain coup de fil !

Bien entendu je ne manquerai pas de vous tenir au courant de la suite des événements.

Je vous prie de recevoir, cher monsieur ou chère madame, mes salutations les plus sincères.

P. T. »

Je vous recommande de le tenir informé régulièrement. Vous pouvez soit lui faire parvenir un message court actualisant l'évolution de votre démarche, soit le rappeler pour échanger à propos des visites que vous avez faites aux gens auprès desquels il vous a introduit. Avec chaque fois un message très positif !

Deuxième modèle : il s'agit d'une visite dans laquelle vous avez pressenti un besoin que vous pouvez satisfaire (recherche de job ou démarche commerciale).

« *Cher monsieur ou chère madame,*

Permettez-moi tout d'abord de vous remercier de votre accueil et du temps que vous m'avez consacré.

De cet entretien je retiens votre intérêt pour… (là, vous pouvez parfaitement

Il faut qu'il retrouve sa problématique ! Mais restez concis et visez la justesse des propos choisis : ils doivent être fidèles aux siens !

reformuler le défi ou l'objectif principal que votre interlocuteur s'est fixé dans le cadre de ses activités et qui correspond à ce à quoi vous-même pouvez répondre).

Sur ce sujet, ainsi que je vous l'ai dit, je possède de l'expérience.

Idéalement, il faut qu'il lise dans l'histoire que vous allez lui raconter ce qui pourrait lui arriver de meilleur en vous recrutant ou en vous achetant votre prestation !

J'ai, en effet, … (là, sachez rappeler brièvement votre expertise et évoquer l'une de vos réalisations correspondant parfaitement à sa problématique ; choisissez celle dont vous avez déjà parlé avec lui afin qu'il retrouve les propos que vous avez tenus sur ce sujet et dont vous avez le sentiment qu'il les a bien compris).

J'ai bien noté que, de votre côté, dans les semaines à venir, vous allez faire évoluer… (tel ou tel point) et que vous envisagez favorablement que nous puissions reparler de… (ceci).

Je me permettrai donc de vous rappeler dans (fixez une échéance) afin d'envisager avec vous les suites possibles d'un tel échange.

Je vous prie de recevoir, cher monsieur ou chère madame, mes salutations les plus sincères.

P. T. »

Conclusion sur l'écrit

L'écrit, je le répète, est une arme imparable pour plusieurs raisons. D'abord parce qu'il est rare (et l'on peut penser qu'il le sera de plus en plus surtout dans sa forme traditionnelle). Ensuite parce que « *les écrits restent et les paroles s'envolent…* » Enfin parce que s'il est de bonne qualité, il atteint son destinataire en plein cœur !

Peut-être aussi parce que l'écrit étant cet outil dont tout le monde ressent ou connaît la difficulté, il bénéficie tacitement d'un avantage supplémentaire aux yeux de celui qui le reçoit : sans en être vraiment conscient, il « sait » quel est le travail qui est derrière un tel écrit.

Et puis il y a un dernier argument pratique en faveur de l'écrit : en procédant ainsi et en prenant le soin de mettre « confidentiel » sur l'enveloppe, vous êtes à peu près sûr que votre destinataire lira votre message. Qui prendrait en effet le risque d'ouvrir un tel document ? Et quand bien même celui-ci serait ouvert et lu par une assistante, prendra-t-elle le risque de ne pas mettre sur le bureau de son destinataire un écrit de qualité possédant tant de bons arguments ?

Conclusion : « Celui qui sort s'en sort... »

Avec ce dialogue avec vous-même auquel ce livre vous invite, vous avez pu **travailler sur vous** avec méthode, retrouver vos expériences, vos savoir-faire et vos désirs personnels. Entre toutes ces données, vous avez fait le tri et choisi ce qui compte pour vous, vous êtes maintenant au clair sur ce que sont vos talents, sur ce que vous voulez et ce que vous pouvez.

« ... *J'ai appris que l'être humain peut tout quand il sait ce qu'il désire*[22]. » L'auteur de cette phrase, sans doute optimiste (trop ?), illustre pourtant la situation dans laquelle vous êtes : en sachant désormais ce que vous voulez, un horizon attrayant s'ouvre devant vous avec en perspective, un objectif réaliste, à portée de main.

Mieux, vous possédez les moyens et les techniques pour **construire les discours** dont vous avez besoin pour l'atteindre. Vous savez que dans tous les cas de figure, tout contact, toute rencontre passera par cette épreuve, **parler de soi**, qui ne s'improvise pas et qu'il faut savoir affronter de main de maître. Qu'il s'agisse de rencontrer physiquement quelqu'un, de prendre son téléphone, de lui écrire..., vous savez que vous n'y « couperez » pas !

22. Jacques de BOURBON BUSSET, *Lettre à Laurence*, Folio, 1987, page 117.

Avec un peu de professionnalisme, cette épreuve est même une chance ! Celle de pouvoir enfin aller sans complexe à la rencontre de ce marché qui, plus que vous ne l'imaginez, vous tend les bras et, qui sait, vous attend peut-être déjà… ?

Mais pour réussir dans les meilleures conditions, il va vous falloir un peu d'entraînement. C'est le moment de vous lancer ! Sachez parler de vous dès que les circonstances s'y prêtent. Ce n'est que de cette manière que les dernières difficultés disparaîtront progressivement et qu'ainsi vous parviendrez au but que vous vous êtes fixé.

Et, afin d'illustrer cette nécessité d'aller vers le marché, je veux vous raconter ceci : il y a une trentaine d'années, tout frais sorti des jupes de l'université, jeune responsable d'une activité commerciale, je fis une rencontre dont j'ai gardé le souvenir et qui a été pour moi un exemple frappant que j'ai toujours suivi. Faisant mes armes sur le plan commercial, j'eus la chance de croiser à Lyon un dirigeant d'une PME locale qui avait très gentiment accepté de me recevoir. Pris dans le mouvement de cette rencontre pas facile avec ce monsieur imposant, je m'efforçais de suivre scrupuleusement la méthode commerciale fraîchement apprise en cherchant à privilégier l'écoute de ce prospect. Une bonne inspiration me fit lui demander quel était le secret de sa réussite. Ma question tombait bien : il était le fondateur de cette entreprise familiale. Il me fit donc avec passion un récit complet de son histoire qu'il termina en me disant ceci : « *Voyez-vous, monsieur, celui qui sort s'en sort… c'est ainsi que l'on réussit !* »

À vrai dire, je ne sais s'il avait improvisé cette réponse ou bien s'il la « servait » à tous ses visiteurs… Mais le fait est qu'elle a toujours été pour moi comme un principe d'action professionnel et personnel, quelles qu'ont été par la suite les fonctions que j'ai occupées ou les activités que j'ai menées. Dans tous les cas, j'ai privilégié le contact, parfois en me forçant mais toujours en me disant qu'il était un ressort puissant pour réussir.

Pour autant, ce contact n'a pas toujours été facile, surtout au démarrage. Longtemps, comme nombre d'entre vous, j'ai peiné en parlant de moi et manqué sans doute, à l'époque, d'efficacité. Je faisais « comme tout le monde » et considérais injustement cet exercice comme « allant de soi », comme un passage somme toute naturel, ne nécessitant aucune préparation... Ce qui bien évidemment était une erreur !

Et ce n'est que tardivement que j'acquis la conviction que parler de soi est la clé de beaucoup de choses. Pour une raison absolument essentielle : elle permet de **« sortir »** de chez soi (sortir de soi ?). Dans la plupart des situations, elle est la meilleure aide pour passer à l'action. C'est un véritable passeport qui va vous affranchir de toute crainte vis-à-vis des rencontres. Il va vous donner du bien-être, de la liberté et vous conduire à « vous en sortir ».

Tel était le but de ce livre. Une manière en somme de vous convaincre qu'avec suffisamment de travail et de l'entraînement, parler de soi va de soi... !

ANNEXE 1

Pourquoi une graphologie ?

Vous pouvez avec beaucoup de profit envisager de faire une graphologie. Elle est un outil d'évaluation de la personnalité. Elle va chercher à évaluer votre façon de fonctionner intellectuellement mais aussi pratiquement. Elle va tenter de dégager les éléments déterminants de vos choix et ceux qui viennent en perturber le cours.

Elle consiste à écrire quelques pages manuscrites et à les confier à l'œil avisé d'un graphologue. Celui-ci va réaliser une évaluation écrite de votre personnalité à partir de la manière dont vous écrivez. On peut ne pas adhérer à cette technique. Elle peut en effet heurter un esprit très rationnel mais il n'en reste pas moins que le résultat est là : dans neuf cas sur dix, ce qui est dit est juste et reflète bien la personnalité des personnes. Dans la plupart des cas, elle recoupe fort bien par ailleurs ce qui apparaît par le biais d'autres outils (le 360° par exemple ou bien un inventaire de personnalité).

À l'issue de cette graphologie, il est recommandé de parler des résultats avec une personne exercée (le graphologue lui-même ou un consultant en ressources humaines expérimenté).

Il faut la considérer comme un outil d'analyse parmi d'autres qui va vous faire gagner du temps dans la reconstitution de votre puzzle !

Ajoutons que ce n'est pas un outil très coûteux : une centaine d'euros à quoi il faut ajouter le coût d'un entretien avec le graphologue ; comptez environ 150 à 200 euros.

ANNEXE 2

Pourquoi un inventaire de personnalité ?

Parce qu'il s'agit là d'aller un peu plus loin dans l'analyse de votre personnalité. Je vous rappelle que l'objectif que nous poursuivons est d'enrichir la vision que vous avez de vous-même avant de vous engager à parler de vous. Plus vous en saurez sur vous, plus vous serez fort. Cet inventaire de personnalité va aller davantage dans le détail et vous apporter de la matière pour mieux réfléchir sur vous-même.

Il existe de nombreux inventaires de personnalité entre lesquels il est souvent difficile de choisir. Aussi je vous recommande l'un d'entre eux : l'inventaire HERRMANN, du nom de son inventeur, Ned HERRMANN. Il s'agit d'un outil puissant dont les applications sont larges et que l'on peut utiliser facilement dans la vie courante et avec beaucoup d'avantages.

Quelles sont mes dominantes cérébrales ?

Comment fonctionne-t-il ? Il vise à comprendre de la manière la plus neutre possible quelles sont vos **dominantes cérébrales**. C'est-à-dire quelles sont vos manières d'appréhender le monde, les réalités et notamment le monde professionnel. Ces dominantes cérébrales vont expliquer bien des choses sur vous-même notamment sur les ressorts de vos succès et de vos échecs.

Dis-moi comment tu communiques et je te dirai qui tu es… !

Cet outil est par ailleurs un excellent moyen d'**améliorer votre communication personnelle**. La connaissance qu'il vous apporte sur votre mode de réflexion et d'action et, en conséquence, sur celui des autres, va en effet vous permettre de peaufiner votre mode relationnel avec des moyens de communication d'une efficacité redoutable (dans une communication interpersonnelle ou face à un groupe).

Vous avez dit créatif… ?

Il possède en outre un autre avantage : celui de permettre de comprendre combien la diversité des profils de personnalité (et leur confrontation) sera facteur de **créativité**. Les limites que cette confrontation impose peuvent nous donner du pouvoir : elles obligent à des scénarios dans lesquels l'esprit créatif peut reprendre du service en chacun de nous. Certes, nous pouvons face à elles nous raidir, plier ou faire le dos rond (le chêne et le roseau ne sont pas loin…). Mais nous pouvons aussi grâce à elles trouver de nouvelles voies, transformer la réalité, créer. C'est la raison pour laquelle les équipes faites de clones ne sont pas créatives !

QUELQUES MOTS SUR L'OUTIL HERRMANN…

Les travaux du neurobiologiste Roger W. SPERRY, prix Nobel en 1981, ont montré que le cerveau est constitué de deux hémisphères ayant chacun un mode d'appréhension des réalités particulier. Un hémisphère gauche (A, B) siège de l'analyse et de l'ordre et un hémisphère droit (C, D) siège de l'imagination et de l'humanité.

Ned HERRMANN, en s'inspirant des travaux de SPERRY et en s'appuyant sur sa longue expérience dans la formation professionnelle, a, de son côté, enrichi la démarche en révélant le premier que chacun de ces deux hémisphères est lui-même constitué de deux parties.

Notre cerveau serait ainsi fait (il s'agit d'une métaphore bien sûr) de quatre quadrants qui expriment chacun un « moi dominant » :

Un seul cerveau ou quatre… ?

– un « **moi** » **rationnel** qui quantifie, analyse, utilise la logique et va vers la technique,

– un « **moi** » **prudent** qui organise, met en place des procédures, prévient et sécurise,

– un « **moi** » **ressenti** qui sent les choses, vit dans la relation humaine, l'émotion et dans l'expression des choses,

– un « **moi** » **projectif** qui prend des risques, imagine, fait des projets et déploie des qualités de visionnaire.

Nous sommes évidemment tous faits d'un peu de ces quatre « moi » avec toutes sortes de combinaisons possibles. Cette combinaison va déterminer pour chacun son mode propre d'appréhension des réalités.

L'intérêt est donc d'abord de mesurer l'importance de chacun de ces moi en chacun de nous, puis d'examiner leur combinaison.

Et ce d'autant plus que ce mode particulier d'appréhension du monde va non seulement déterminer le mode de traitement des réalités auxquelles nous sommes confrontés mais aussi influer sur notre mode de communication avec des conséquences importantes dans nos relations avec les autres. Prendre en considération les quatre quadrants de son interlocuteur permet d'être plus pertinent dans sa communication. Car, ainsi que le dit Ned HERRMANN : « *Ce qui importe n'est pas ce que l'on dit mais ce que l'autre comprend*[23]. »

Et vous, comment êtes-vous ?

Afin de vous faire comprendre concrètement l'intérêt de cet inventaire de personnalité, je vais illustrer quatre métiers très

23. Ned HERRMANN, *Les Dominantes cérébrales et la Créativité*, Retz, 1992.

caractéristiques de chacun des quadrants avec les questions suivantes :

Quels sont vos dominantes ?

– Êtes-vous plutôt du côté de l'analyse des réalités factuelles et chiffrées ainsi que l'est un **ingénieur** confronté à un problème ? (quadrant A)

– Mais peut-être êtes-vous un maître de l'aspect pratique des réalités, des procédures ainsi que peut l'être par exemple un **financier ou comptable** ? (quadrant B)

– Ou bien êtes-vous au contraire un talentueux adepte de la relation humaine qui sait trouver des solutions par cette voie comme peut l'être un **médiateur** ? (quadrant C)

– À moins que vous ne soyez à fond dans le projet et dans la capacité imaginative ainsi que l'est souvent un **créatif** ? (quadrant D)

À moins que vous ne soyez, comme tout le monde, fait d'un peu de ces quatre quadrants... ? Mais de quelle manière ? Comment s'équilibrent vos dominantes ? Chez vous, que donne leur combinaison ?

Examinez la représentation qui suit des quatre quadrants :

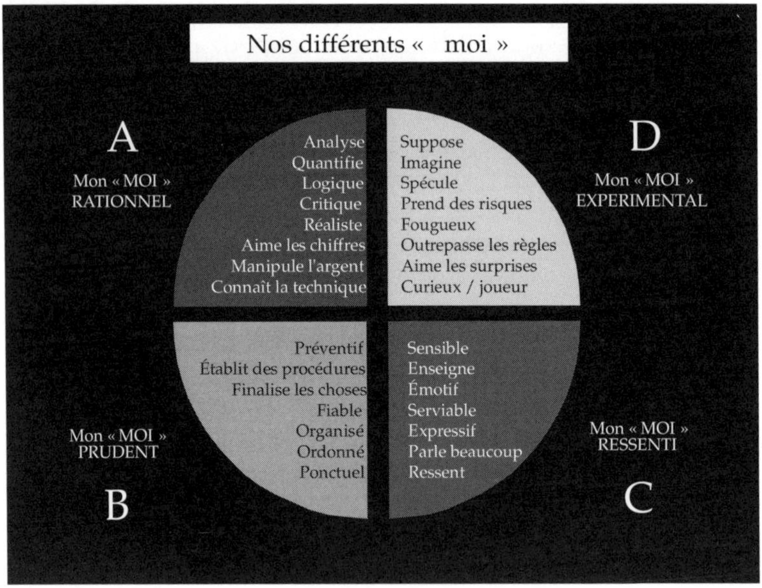

Quel est votre profil en temps normal ?

Et en temps de crise ?

L'inventaire de personnalité HERRMANN va essayer d'identifier ces « dominantes » et la manière dont elles s'agencent en situation normale. Il va chercher également à identifier vos dominantes cérébrales en situation de crises (stress, situations menaçantes, etc.). Situations qui peuvent renforcer ou diminuer vos capacités naturelles à réfléchir, agir, imaginer ou bien encore vos capacités à développer votre relationnel. C'est pourquoi il vous faut là aussi en savoir davantage sur vous et votre mode d'appréhension des réalités quelles qu'en soient les conditions.

Voici comme autant d'exemples quelques profils qui illustrent des personnalités différentes et donc des modes différents d'appréhension des réalités. Leur profil est illustré par un quadrilatère en **traits pleins** qui montre leurs dominantes en situation normale et, en **traits pointillés**, en situation de crise.

Autre précision avant de vous parler de ces trois cas : il n'y a pas de jugement de valeur dans cet inventaire de personnalité HERRMANN ; il n'y a pas de bon ou de mauvais profil ! Chaque profil a ses dominantes et c'est davantage l'équilibre que vous avez su en tirer dans votre vie qui compte, plutôt qu'une dominante forte dans l'un ou l'autre des quadrants.

Je vous propose d'examiner les trois exemples de profils suivants qui peuvent éclairer votre compréhension de cet inventaire. Ils sont différents et racontent une façon particulière de saisir le monde. Voyez leur point d'ancrage dans chacun des quadrants. Celui-ci peut se faire dans l'un ou l'autre des quatre cercles concentriques. Le premier (le plus petit cercle), au centre du profil, indique un niveau dit d'<u>évitement</u> (cette manière d'appréhender les réalités n'est sûrement pas sa tasse de thé…). Le deuxième indique un niveau d'<u>utilisation</u> (c'est sans doute un registre utilisé mais de manière plus ou moins passive…) Le troisième indique un niveau <u>d'utilisation forte</u> et le quatrième un niveau d'<u>utilisation très forte</u>.

Vous essayerez de réfléchir sur chacun des profils proposés (celui de Gilles, de Joseph et d'Octave) en tentant de vous représenter le personnage que vous percevez à l'aide de la grille de lecture simplifiée qui précède et en vous reportant à la figure : Nos différents « moi ». Puis vous vous demanderez en quoi vous pouvez lui ressembler ou au contraire en quoi vous vous en sentez différent. Essayez aussi de vous demander si vous connaissez quelqu'un qui lui ressemble.

Premier profil :

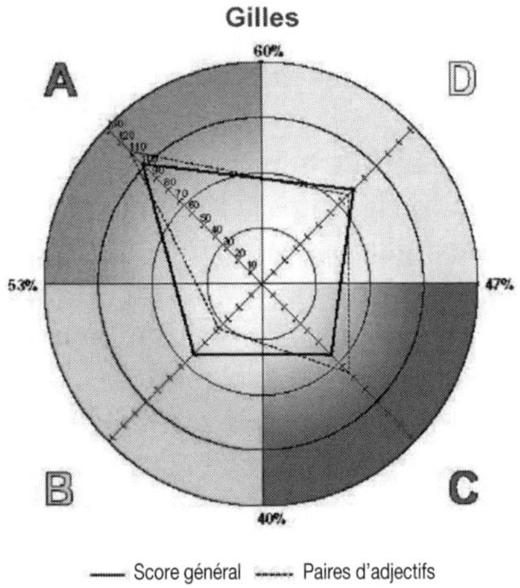

Deuxième profil :

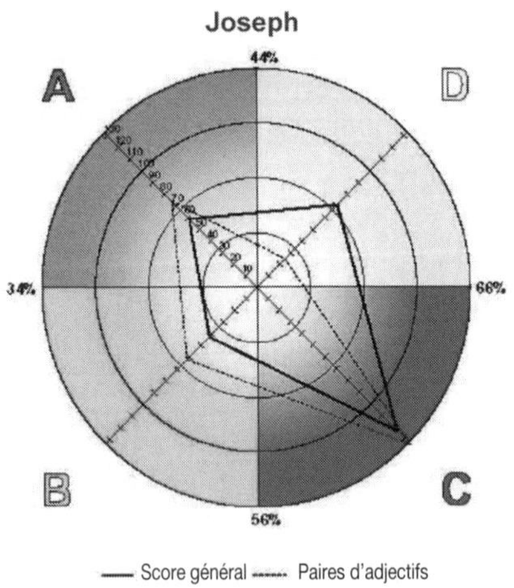

Troisième profil :

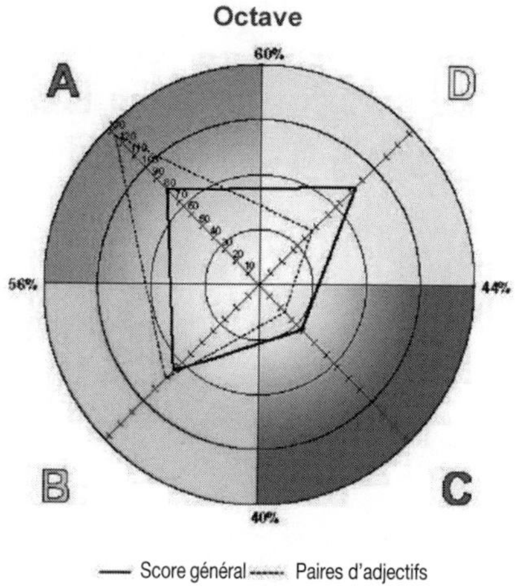

Comme pour la graphologie, vous devez considérer que cet exercice va enrichir la perception que vous avez de votre personnalité professionnelle.

Ce qui précède sur l'inventaire HERRMANN n'est qu'une introduction destinée à vous faire réfléchir sur votre manière d'appréhender le monde, ses réalités et d'entreprendre les autres. Cette introduction n'a pas vocation à vous permettre de faire vous-même cet inventaire. Pour ce faire, vous devez passer par une personne agréée, qui en possède l'expérience et le savoir. Avec elle vous ferez ce travail d'analyse de votre propre inventaire et ce travail sur vous, qui seul vous permettra progressivement de vous approprier l'outil. C'est de cette façon que vous saurez utiliser l'outil pour améliorer votre communication personnelle par exemple.

J'ajoute que le coût de cet inventaire, avec analyse et échange autour des résultats obtenus, est très raisonnable compte tenu de ce qu'il apporte comme enrichissement de la perception de votre personnalité et comme outil puissant de communication (pour une prestation complète, comptez environ 200-300 euros).

Si vous voulez réagir, apporter votre témoignage, rendez-vous sur le site :

www.pilotermacarriere.com

Table des matières

Introduction 7

Première partie :
Parler de soi, un exercice indispensable
mais… difficile

Parler de soi, pour quoi faire ? 15
Quand a-t-on besoin de parler de soi ? 15
À qui parler de soi ? : le réseau 20

Parler de soi, un exercice difficile : les obstacles 25
Notre éducation 25
Notre monde 28
Nos petits et grands travers 28
Notre faible attention 29
La difficulté du sujet ! 30
Le temps ! 31

Deuxième partie :
Parler de soi, bonne nouvelle, ça s'apprend !

S'organiser ! 35
Les trois étapes nécessaires 41

12 clés pour enrichir vos discours 45

Être au clair avec soi-même pour mieux convaincre 45
Exercice n° 1 : quelle est votre histoire personnelle, de quoi est constitué votre environnement et quelles en sont les marques originales ? 46
Exercice n° 2 : quel est votre parcours de formation ?........... 49
Exercice n° 3 : quelles sont les différentes étapes de votre carrière ? 51
Exercice n° 4 : quels sont vos centres d'intérêt, vos activités extra-professionnelles, vos hobbies, vos dadas ? 53
Exercice n° 5 : à quoi ressemble votre courbe de carrière ? (tentez d'en comprendre la trajectoire) 55
Exercice n° 6 : quelles sont les valeurs qui comptent pour vous ? 58
Exercice n° 7 : quelles sont vos motivations fondamentales personnelles ? 61
Exercice n° 8 : quelles sont les situations dans lesquelles vous êtes à l'aise ou non et quels sont les dangers qui vous guettent (à titre professionnel comme à titre personnel) ? 64
Exercice n° 9 : quel sont les métiers dont vous avez rêvé (et dont vous rêvez peut-être encore) ? 71
Exercice n° 10 : quelle est votre personnalité ? Qui êtes-vous vraiment ? Et qui êtes-vous aux yeux des autres ? Quelle est votre image dans le milieu professionnel ? 73
Moi et les autres (le 360°) 74
Exercice n° 11 : quelles sont vos réalisations professionnelles ? 81

Le travail de synthèse pour préparer l'avenir 103
Identifiez vos registres de performance 105
Traduire vos trois registres de performance majeurs en forces opérationnelles 111
Formuler votre projet en esquissant un premier autoportrait afin de parler d'avenir 113

Comment être un bon communicant ? 117
Quelques principes de base 118
Quelques principes pour bien construire son discours 118
Le cas particulier de la question du fond et de la forme 128
Quelques questions essentielles pour vérifier la qualité de votre communication après coup 133
Les 29 questions essentielles à propos de mon message 134

Troisième partie :
Parler de soi, mode d'emploi

Les différentes formes de présentation de soi 145

Comment bien démarrer un entretien ? 149
L'entrée en matière, une étape déterminante 149
L'annonce du cadre de l'entretien ou comment prendre la main ? 153

Comment parler de soi en 2 minutes ? 157
1. Le « chapeau » ou comment poser le décor de votre personnage 159
2. Un peu de chronologie pour comprendre le parcours, la trajectoire, le « fil rouge » de votre carrière 164
3. Les domaines d'expertise et les exemples 166
4. Rappel de la formation initiale 170
5. Le projet 170
6. Et moi dans tout ça ? 173
7. La mise en écoute (ou comment se mettre en orbite vis-à-vis de votre interlocuteur afin de mieux l'écouter et de mieux le comprendre) 176

Comment poursuivre l'entretien après les 2 minutes ? 189
1. Proposer à votre interlocuteur de se présenter lui-même (en 2 minutes) 189
2. Passer en mode de questionnement si l'on considère que l'on est en face d'une opportunité (ou comment continuer à parler de soi en faisant parler l'autre ?) 191
Une étape clé : parler de ses réalisations au bon moment 202
Le cas particulier de la fin de l'entretien 204

Comment parler de soi en quelques secondes ? 209
Les caractéristiques propres de cette présentation 209
La trame à adopter 211

Comment parler de soi au téléphone ? 219
1. Le message à délivrer : les principes 220
2. Étude de la phase préalable à l'annonce du message et de la phase qui suit le message 221
Peu de cartouches et peu de temps ! 229
Une autre stratégie en cas de blocage : écrire ! 229
Un rendez-vous de principe ? À tenter si l'occasion se présente… 229
De l'importance de la mécanique imparable de la trame… ! 232
Petite pause pour réfléchir sur 2 techniques imparables 233
Comment bien terminer l'entretien téléphonique ? 237

Comment parler de soi à l'écrit ? 239
Quelques constats sur l'écrit… 239
Parler de soi à l'écrit pour réactiver sa carrière 242
Parle de soi à l'écrit pour développer son business 247
Parler de soi à l'écrit pour ne pas être oublié après avoir été reçu 252
Conclusion sur l'écrit 255

Conclusion : « Celui qui sort s'en sort… » 257

Annexe 1 : Pourquoi une graphologie ? 261

Annexe 2 : Pourquoi un inventaire de personnalité ? 263

Mise en pages : Facompo à Lisieux

Achevé d'imprimer en février 2008
sur les presses de la Nouvelle Imprimerie Laballery
58500 Clamecy
Dépôt légal : février 2008
Numéro d'impression : 802127

Imprimé en France